中财传媒版 2025 年度全国会计专业
辅导系列丛书 · 注会

财务管理**要点随身记**

财政部中国财经出版传媒集团　组织编写

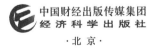

中国财经出版传媒集团
经济科学出版社
· 北 京 ·

图书在版编目（CIP）数据

财务管理要点随身记／财政部中国财经出版传媒集
团组织编写 . -- 北京：经济科学出版社，2025.4.
（中财传媒版 2025 年度全国会计专业技术资格考试辅导系
列丛书）. -- ISBN 978 - 7 - 5218 - 6781 - 7
Ⅰ. F275

中国国家版本馆 CIP 数据核字第 20252ND964 号

责任编辑：黄 硕　　　责任校对：李 建　　　责任印制：张佳裕

财务管理要点随身记
CAIWU GUANLI YAODIAN SUISHENJI
财政部中国财经出版传媒集团　组织编写
经济科学出版社出版、发行　新华书店经销
社址：北京市海淀区阜成路甲 28 号　邮编：100142
总编部电话：010 - 88191217　发行部电话：010 - 88191522
天猫网店：经济科学出版社旗舰店
网址：http://jjkxcbs.tmall.com
固安华明印业有限公司印装
850×1168　64 开　6 印张　200000 字
2025 年 4 月第 1 版　2025 年 4 月第 1 次印刷
ISBN 978 - 7 - 5218 - 6781 - 7　定价：38.00 元
（图书出现印装问题，本社负责调换。电话：010 - 88191545）
（打击盗版举报热线：010 - 88191661，QQ：2242791300）

前　　言

　　2025 年度全国会计专业技术中级资格考试大纲已经公布，辅导教材也已正式出版发行。与 2024 年度相比，新考试大纲及辅导教材的内容都有所变化。为了帮助考生准确理解和掌握新大纲和新教材的内容、顺利通过考试，中国财经出版传媒集团本着为广大考生服务的态度，严格按照新大纲和新教材内容，组织编写了中财传媒版 2025 年度全国会计专业技术资格考试辅导"注定会赢"系列丛书。

　　该系列丛书包含 3 个子系列，共 9 本图书，具有重点把握精准、难点分析到位、题型题量丰富、模拟演练逼真等特点。本书属于"要点随身记"子系列，以携带方便为特点，进一步将教材中重要、易考、难以记忆的知识点进行归纳总结，以图表形式展现，帮助考生随时随地加深记忆。

　　中国财经出版传媒集团旗下"中财云知"App 为购买本书的考生提供线上增

值服务。考生使用微信扫描封面下方的防伪码并激活下载 App 后，可免费享有题库练习、学习答疑、每日一练等增值服务。

全国会计专业技术资格考试是我国评价选拔会计人才、促进会计人员成长的重要渠道，是中国式现代化人才战略的重要组成部分。希望广大考生在认真学习教材内容的基础上，结合本丛书准确理解和全面掌握应试知识点内容，顺利通过 2025 年会计资格考试，在会计事业发展中不断取得更大进步，为中国式现代化建设贡献更多力量！

书中如有疏漏和不当之处，敬请批评指正。

财政部中国财经出版传媒集团

2025 年 4 月

目　　录

第一章　总论 ………………………………………………………… 1

第二章　财务管理基础 …………………………………………… 23

第三章　预算管理 ………………………………………………… 62

第四章　筹资管理（上） ………………………………………… 85

第五章　筹资管理（下） ………………………………………… 151

第六章　投资管理………………………………………………… 187

第七章　营运资本管理 …………………………………………… 225

第八章　成本管理…………………………………… 262

第九章　收入与分配管理 ………………………… 309

第十章　财务分析与评价 ………………………… 350

第一章 总 论

☞ 掌握企业财务管理的内容

☞ 掌握企业财务管理目标理论

☞ 掌握财务管理环节

☞ 掌握财务管理体制

☞ 熟悉企业及其组织形式

☞ 熟悉财务管理目标与利益冲突

☞ 熟悉财务管理原则

☞ 熟悉财务管理环境

【要点1】企业的组织形式（熟悉）

企业的类型	含义	性质及特点
个人独资企业	由一个自然人投资，全部资产为投资人个人所有，全部债务由投资者个人承担的经营实体	属于非法人企业，不具有法人资格。创立容易、经营管理灵活自由、不需要缴纳企业所得税。业主对企业债务承担无限责任
合伙企业	通常是由两个或两个以上的自然人（有时也包括法人或其他组织）合伙经营的企业。分为普通合伙企业、有限合伙企业	各合伙人订立合伙协议，共同出资、合伙经营、共享收益、共担风险。其中普通合伙人对企业债务承担无限连带责任，有限合伙人承担有限债务责任
公司制企业	由投资人（自然人或法人）依法出资组建，有独立法人财产，自主经营、自负盈亏的法人企业。分为有限责任公司和股份有限公司	优点：容易转让所有权、有限债务责任、可以无限存续、融资渠道较多。缺点：组建公司的成本高、存在代理问题、双重课税

【要点2】公司制企业（熟悉）

项目		内容
类型	有限责任公司	（1）股东人数可以为1人或50人以下； （2）权益总额不作等额划分，股东的股权是通过投资人所认缴的出资额来表示的； （3）不发行股票，对股东只发放一张出资证明书，股东转让出资需要由股东会或董事会讨论通过
	股份有限公司	（1）应当有1人以上200人以下为发起人； （2）权益总额平均划分为相等的股份，股东的股权是用持有多少股份来表示的； （3）可以发行股票，股票可以依法转让
优点		（1）容易转让所有权。公司的股东权益被划分为若干股份额，每个份额可以单独转让。 （2）有限债务责任。公司债务是法人的债务，不是股东的债务。股东对公司承担的责任以其出资额为限。当公司资产不足以偿还其所欠债务时，股东无须承担连带清偿责任。 （3）公司制企业可以无限存续，一个公司在最初的股东和经营者退出后仍然可以继续存在。 （4）公司制企业融资渠道较多，更容易筹集所需资金

续表

项目	内容
缺点	（1）组建公司的成本高。公司法对于设立公司的要求比设立独资或合伙企业复杂，花费的时间较长。公司成立后，政府对其监管比较严格，需要定期提交各种报告。 （2）存在代理问题。股东和经营者分开以后，股东成为委托人，经营者成为代理人，代理人可能为了自身利益而损害委托人利益。 （3）双重课税。公司作为独立的法人，其利润需缴纳企业所得税，企业利润分配给股东后，股东还需缴纳个人所得税

提示　　国有独资公司是有限责任公司的一种特殊形式。我国国有独资公司不设股东会，由国有资产监督管理机构行使股东会职权。国有资产监督管理机构可以授权公司董事会行使股东会的部分职权，决定公司的重大事项，但公司的合并、分立、解散、增加或者减少注册资本和发行公司债券，必须由国有资产监督管理机构决定。

【要点3】企业财务管理的内容（掌握）

内容	管理方法
筹资管理	科学预测筹资的总规模，确定合理的筹资结构
投资管理	考虑投资规模，确定合适的投资结构
营运资金管理	主要涉及：现金持有计划的确定，应收账款的信用标准、信用条件和收款政策的确定，存货周期、存货数量、订货计划的确定，短期借款计划、商业信用筹资计划的确定等
成本管理	本量利分析、标准成本控制与分析、作业成本管理、责任成本管理
收入与分配管理	收入的初次分配是对成本费用的弥补，随着再生产的进行而自然完成；利润分配是对初次分配的结果进行再分配

【要点4】企业财务管理目标理论（掌握）

观点	是否考虑投入产出比	是否考虑时间价值	是否考虑风险因素	长期/短期行为	主要考虑的利益主体	衡量难易程度
利润最大化	否	否	否	短期	股东	易
每股收益最大化	是	否	否	短期	股东	易
股东财富最大化	是	是	是	长期	股东	上市公司易，非上市公司难
企业价值最大化	是	是	是	长期	股东＋债权人	难
相关者利益最大化	是	是	是	长期	不同利益相关者	难

 提示　各种财务管理目标都以股东财富最大化为基础。

【要点5】委托代理问题引起的利益冲突的协调方法（熟悉）

冲突种类	协调方法
股东与管理层之间的利益冲突	（1）解聘（监督）：通过股东约束经营者。 （2）接收：通过市场约束经营者。 （3）激励：将经营者的报酬与绩效挂钩。例如，股票期权、绩效股
大股东与中小股东之间的利益冲突	（1）完善上市公司的治理结构，使股东大会、董事会和监事会三者有效运行，形成相互制约的机制。 （2）规范上市公司的信息披露制度，保证信息的完整性、真实性和及时性。完善会计准则体系和信息披露规则，加大对信息披露违规行为的处罚力度，加强对信息披露的监管
股东与债权人之间的利益冲突	（1）限制性借债。债权人通过事先规定借债用途限制、借债担保条款和借债信用条件，使股东不能通过以上两种方式削弱债权人的债权价值。 （2）收回借款或停止借款。当债权人发现企业有侵蚀其债权价值的意图时，采取收回债权或不再给予新的借款的措施，从而保护自身权益

【要点6】企业的社会责任（熟悉）

项目	内容
对员工的责任	（1）按时足额发放劳动报酬，并根据社会发展逐步提高工资水平； （2）提供安全健康的工作环境，加强劳动保护，实现安全生产，积极预防职业病； （3）建立公司职工的职业教育和岗位培训制度，不断提高职工的素质和能力； （4）完善工会、职工董事和职工监事制度，培育良好的企业文化
对债权人的责任	（1）按照法律、法规和公司章程的规定，真实、准确、完整、及时地披露公司信息； （2）诚实守信，不滥用公司人格； （3）主动偿债，不无故拖欠； （4）确保交易安全，切实履行合法订立的合同
对消费者的责任	（1）确保产品质量，保障消费安全； （2）诚实守信，确保消费者的知情权； （3）提供完善的售后服务，及时为消费者排忧解难

续表

项目	内容
对社会公益的责任	企业对社会公益的责任主要涉及慈善、社区等，其中对慈善事业的社会责任是指承担扶贫济困和发展慈善事业的责任，表现为企业对不确定的社会群体（尤指弱势群体）进行帮助。捐赠是其最主要的表现形式，受捐赠的对象主要有社会福利院、医疗服务机构、教育机构、贫困地区、特殊困难人群等。此外，还包括雇用残疾人、生活困难个体、缺乏就业竞争力的人到企业工作，以及举办与公司营业范围有关的各种公益性的社会教育宣传活动等
对环境和资源的责任	（1）承担可持续发展与节约资源的责任； （2）承担保护环境和维护自然和谐的责任

【要点7】财务管理原则（熟悉）

原则	具体内容
系统性原则	财务管理是企业管理系统的一个子系统，它本身又由多个子系统构成。坚持系统性原则，是财务管理工作的首要出发点
风险权衡原则	决策者必须对报酬和风险作出权衡
现金收支平衡原则	财务管理贯彻的是收付实现制，客观上要求在财务管理活动中做到现金收入和现金支出在数量上、时间上达到动态平衡，即现金收支平衡
成本收益权衡原则	（1）筹资管理：要进行资金成本和筹资收益的权衡； （2）投资管理：要进行投资成本和投资收益的权衡； （3）营运资金管理：收益难以量化，但应追求成本最低化； （4）分配管理：在追求分配管理成本最小的前提下，妥善处理好各种财务关系
利益关系协调原则	财务管理也是一个协调各种利益关系的过程

【要点8】财务管理环节（掌握）

财务管理环节	内容
财务预测	是根据企业财务活动的历史资料，考虑现实的要求和条件，对企业未来的财务活动作出较为具体的预计和测算的过程。 财务预测的方法主要有定性预测和定量预测两类
财务决策	是按照财务战略目标的总体要求，利用专门的方法对各种备选方案进行比较和分析，从中选出最佳方案的过程。 财务决策是财务管理的核心
财务计划	是根据企业整体战略目标和规划，结合财务决策的结果，对财务活动进行规划，并以指标形式落实到每一计划期间的过程
财务预算	是根据财务计划和各种预测信息，确定预算期内各种预算指标的过程。 它是财务计划的分解和落实，是财务计划的具体化

续表

财务管理环节	内容
财务控制	是利用有关信息和特定手段，对企业的财务活动施加影响或调节，以便实现计划所规定的财务目标的过程
财务分析	是根据企业财务报表等信息资料，采用专门方法，系统分析和评价企业财务状况、经营成果以及未来趋势的过程
财务考核	是将报告期实际完成数与规定的考核指标进行对比，确定有关责任单位和个人完成任务的过程。 财务考核与奖惩紧密联系，是贯彻责任制原则的要求，也是构建激励与约束机制的关键环节

【要点9】财务管理体制的一般模式及优缺点（掌握）

模式	优点	缺点
集权型	有利于在整个企业内部优化配置资源，有利于实行内部调拨价格，有利于内部采取避税措施及防范汇率风险等	集权过度会使各所属单位缺乏主动性、积极性、丧失活力，也可能因为决策程序相对复杂而失去适应市场的弹性，丧失市场机会
分权型	有利于针对本单位存在的问题及时作出有效决策，因地制宜地搞好各项业务，也有利于分散经营风险，促进所属单位管理人员及财务人员的成长	各所属单位大多从本单位利益出发安排财务活动，缺乏全局观念和整体意识，从而可能导致资金管理分散、资金成本增大、费用失控、利润分配无序
集权与分权结合型	吸收了集权型和分权型财务管理体制各自的优点，避免了二者各自的缺点，从而具有较大的优越性	

【要点10】影响企业财务管理体制集权与分权选择的因素（掌握）

考虑的因素	相应的选择
企业生命周期	企业发展会经历初创阶段、快速发展阶段、稳定增长阶段、成熟阶段和衰退阶段。一般在初创阶段，企业经营风险高，财务管理宜偏重集权模式
企业战略	企业战略发展大致经历四个阶段：数量扩大、地区开拓、纵向或横向联合发展和产品多样化。那些实施纵向一体化战略的企业，要求各所属单位保持密切的业务联系，各所属单位之间业务联系越密切，就越有必要采用相对集中的财务管理体制
企业所处市场环境	如果企业所处的市场环境复杂多变，有较大的不确定性，那么可以要求在财务管理划分权力时，给中下层财务管理人员较多的随机处理权，以增强企业对市场环境变动的适应能力；如果企业面临的环境是稳定的，对生产经营的影响不太显著，则可以较多地集中财务管理权
企业规模	企业规模小，财务管理工作量小，为财务管理服务的财务组织制度也相应简单、集中，偏重于集权模式。企业规模大，财务管理工作量大，复杂性增加，财务管理的各种权限就有必要根据需要重新设置规划

续表

考虑的因素	相应的选择
企业管理层素质	如果管理层素质高、能力强，可以采用集权型财务管理体制。反之，通过分权可以调动所属单位的生产积极性、创造性和应变能力
信息网络系统	集权型的财务管理体制，在企业内部需要有一个能及时、准确传递信息的网络系统，并对信息传递过程严格控制，以保障信息的质量

学习心得

【要点 11】企业组织体制（掌握）

U型组织：最典型的特征是在管理分工下实行集权控制，没有中间管理层，依靠职能部门直接控制各业务单元，**子公司的自主权较小**

M型组织：即事业部制，M型组织比H型组织集权程度**更高**

H型组织：即控股公司体制。典型特征是**过度分权**，各子公司保持了较大独立性，总部缺乏有效的监控约束力度。现代意义上的H型组织既可以分权管理，也可以集权管理

提示　企业财务管理体制的设定或变更应当遵循以下四项原则：（1）与现代企业制度的要求相适应的原则；（2）明确企业对各所属单位管理中决策权、执行权与监督权相互制衡的原则；（3）明确财务综合管理和分层管理思想的原则；（4）与企业组织体制相适应的原则。

【要点 12】集权与分权相结合型财务管理体制的实践（掌握）

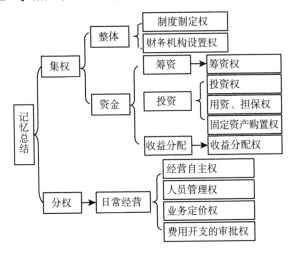

【要点 13】财务管理的技术环境（熟悉）

　　财务管理的技术环境，是指财务管理得以实现的技术手段和技术条件，它决定着财务管理的效率和效果。会计信息系统是财务管理技术环境中的一项重要内容。

　　大数据、人工智能等新一代的现代信息技术，推动着财务共享模式下财务管理体系的不断变化。财务共享模式下基于大数据、智能化的企业财务管理融入了大数据、智能化的理念，创建并优化了高效而智能的业务流程，使企业的各项管理活动和经济业务更加灵活、有效，并在加强风险管控、提高会计服务效率、提供经营决策等方面提供了重要支撑。

【要点 14】财务管理的经济环境（熟悉）

在影响财务管理的各种**外部环境**中，经济环境是**最为重要**的。经济环境包括经济体制、经济周期、经济发展水平、宏观经济政策及通货膨胀水平等。

1. 经济周期中**不同**阶段的财务管理战略内容

复苏	繁荣	衰退	萧条
（1）增加厂房设备	（1）扩充厂房设备	（1）停止扩张	（1）建立投资标准
（2）实行长期租赁	（2）继续建立存货	（2）出售多余设备	（2）保持市场份额
（3）建立存货储备	（3）提高产品价格	（3）停产不利产品	（3）压缩管理费用
（4）开发新产品	（4）开展营销规划	（4）停止长期采购	（4）放弃次要利益
（5）增加劳动力	（5）增加劳动力	（5）削减存货	（5）削减存货
		（6）停止扩招雇员	（6）裁减雇员

2. 通货膨胀的影响及企业应对措施

通货膨胀对企业财务活动的影响	企业应当采取的防范措施
（1）引起资金占用的大量增加，从而增加企业的资金需求。 （2）引起企业利润虚增，造成企业资金由于利润分配而流失。 （3）引起利率上升，加大企业筹资成本。 （4）引起有价证券价格下降，增加企业的筹资难度。 （5）引起资金供应紧张，增加企业的筹资困难	（1）在通货膨胀初期，货币面临贬值的风险，这时企业进行投资可以避免风险，实现资本保值；与客户应签订长期购货合同，以减少物价上涨造成的损失，取得长期负债，保持资本成本的稳定。 （2）在通货膨胀持续期，企业可以采用比较严格的信用条件，减少企业债权；调整财务政策，防止和减少企业资本流失等

【要点15】财务管理的金融环境（熟悉）

环境	具体内容
金融机构	（1）银行：包括各种商业银行和政策性银行。 （2）非银行金融机构：包括保险公司、信托投资公司、证券公司、财务公司、金融资产管理公司、金融租赁公司等机构
金融工具	（1）概念：指形成一方的金融资产并形成其他方的金融负债或权益工具的合同。 （2）特征：流动性、风险性和收益性。 （3）基本金融工具：包括企业持有的现金、从其他方收取现金或其他金融资产的合同权利、向其他方交付现金或其他金融资产的合同义务等。 （4）衍生（派生）金融工具：包括远期合同、期货合同、互换合同和期权合同等，种类繁多，具有高风险、高杠杆效应的特点
金融市场	指资金供应者和资金需求者双方通过一定的金融工具进行交易，进而融通资金的场所

【要点 16】财务管理环境的法律环境（熟悉）

　　法律环境是指企业与外部发生经济关系时应遵守的有关法律、法规和规章（以下简称法规），主要包括《公司法》《证券法》《民法典》《企业财务通则》《内部控制基本规范》《管理会计指引》及税法等。

财务管理内容	影响财务管理内容的国家相关法律法规
企业筹资	《公司法》《证券法》《民法典》等
企业投资	《证券法》《公司法》《企业财务通则》等
企业收益分配	《公司法》《企业财务通则》及《税法》等

第二章　财务管理基础

☞ 掌握货币时间价值的概念

☞ 掌握货币时间价值的计算方法（包括复利终值和现值、年金现值和终值）

☞ 掌握年偿债基金和年资本回收额

☞ 掌握利率的计算

☞ 掌握资产收益与收益率

☞ 掌握资产的风险及其衡量

☞ 掌握资本资产定价模型的基本原理

☞ 掌握证券资产组合的收益与风险

☞ 掌握成本性态分析

☞ 熟悉风险管理

【要点1】货币时间价值的概念（掌握）

项目	解释	注意
含义	在没有风险和没有通货膨胀的情况下，货币经历一定时间的投资和再投资所增加的价值，也称为资金的时间价值	不同时间的货币不宜直接进行比较，需要把它们换算到相同的时点进行比较才有意义。财务估值中，广泛使用现值进行价值评估，把不同时间的货币价值折算到"现在"这个时点或"零"时点进行比较
表示方式	在实务中，人们习惯使用相对数字表示货币的时间价值，即用增加的价值占投入货币的百分数来表示	用相对数表示的货币时间价值也称为纯粹利率，简称纯利率。纯利率是指在没有通货膨胀、无风险情况下资金市场的平均利率。没有通货膨胀时，短期国债利率可以视为纯利率

【要点2】复利终值和现值（掌握）

一次性支付	复利终值	含义	P 元 n 年后复利本利和
		系数符号	复利终值系数：$(F/P, i, n)$
		公式	$F = P \times (1+i)^n = P \times (F/P, i, n)$
	复利现值	含义	n 年后复利得到 P 元的现值
		系数符号	复利现值系数：$(P/F, i, n)$
		公式	$P = F/(1+i)^n = F \times (P/F, i, n)$
	总结		复利终值系数 $= \dfrac{1}{\text{复利现值系数}}$

【要点3】年金现值（掌握）

1. 普通年金现值和年资本回收额（以3年期年金为例）

（1）普通年金现值：普通年金中各期等额收付金额在第一期期初（0时点）的复利现值之和。

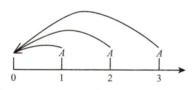

$$P_A = A \times \left[\frac{1}{1+i} + \frac{1}{(1+i)^2} + \frac{1}{(1+i)^3} \right] = A \times (P/A, \ i, \ 3)$$

（2）年资本回收额。

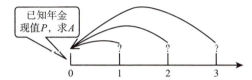

$A = P/(P/A, i, 3)$

由此可见，年资本回收额和普通年金现值互为逆运算。

2. 预付年金现值

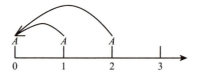

$$P_A = A \times \left[\frac{1}{(1+i)^0} + \frac{1}{(1+i)^1} + \frac{1}{(1+i)^2} \right] = A \times (P/A, i, 3) \times (1+i)$$

注意

　　3 年期普通年金现值与 3 年期预付年金现值付款次数相同，均为 3 次，但由于付款时间有先后之分，预付年金现值少折现一期，因此预付年金现值 = $A \times (P/A, i, n) \times (1+i)$。

3. 递延年金现值

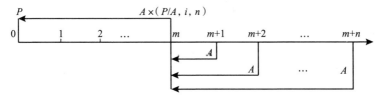

方法一：如上图，先视为普通年金，求出第 m 期现值，再折算到第 1 期期初，最终求出递延年金现值。

$P = A \times (P/A, i, n) \times (P/F, i, m)$

方法二：先计算出 m + n 期的年金现值，再减去 m 期年金现值。

$P = A \times (P/A, i, m + n) - A \times (P/A, i, m) = A \times [(P/A, i, m + n) - (P/A, i, m)]$

提示   如何确认递延期 m？

递延年金的第一次收付发生在第（$m+1$）期期末，m 为递延期，若某递延年金为从第 4 期开始，每期期末支付 A 元，即 $m+1=4$，因此递延期 $m=3$；若某递延年金为从第 4 期开始，每期期初支付 A 元，由于第 4 期期末与第 3 期期初是同一时点，所以 $m+1=3$，递延期 $m=2$。一定要看清支付时间是期初还是期末，这会影响到递延期 m 的确认。

4. 永续年金现值

永续年金的现值可以看成是一个 n 无穷大时普通年金的现值，即 $P=A/i$。

【要点4】年金终值（掌握）

1. 普通年金终值和年偿债基金

（1）普通年金终值。

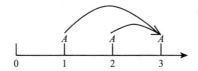

$$F = A \times \frac{(1+i)^n - 1}{i} = A \times (F/A, \ i, \ n)$$

（2）年偿债基金。

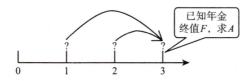

已知年金终值F，求A

$A = F / (F / A, i, n)$

由此可见，普通年金终值和年偿债基金互为逆运算。

学习心得

2. 预付年金终值

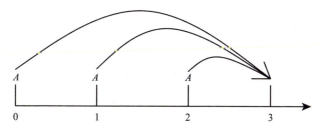

$$F = A \times (F/A, \ i, \ n) \times (1 + i)$$

3. 递延年金终值

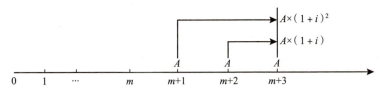

递延年金终值的一般公式与计算普通年金终值的一般公式完全相同。对于递延期为 m、等额收付 n 次的递延年金而言，其终值 $F = A \times (F/A, i, n)$，与递延期无关。

【要点5】利率的计算（掌握）

1. 在系数表中无法查到的数值的计算（内插法/插值法）

假设所求利率为 i：$(i_2 - i)/(i_2 - i_1) = (B_2 - B)/(B_2 - B_1)$，

解得：$i = i_2 - [(B_2 - B)/(B_2 - B_1)] \times (i_2 - i_1)$。

式中，i 对应的现值（或者终值）系数为 B，B_1、B_2 为现值（或者终值）系数表中与 B 相邻的系数，i_1、i_2 为 B_1、B_2 对应的利率。

2. 实际利率计算

名义利率和实际利率	一年多次计息时	含义	一年计息 m 次，名义利率为 r，等同于一年计息一次，实际利率为 i
		公式	$i = (1 + r/m)^m - 1$
	通货膨胀情况下	含义	存在通货膨胀情况下，实际利率不等于名义利率
		公式	$1 + $名义利率$ = (1 + $实际利率$)(1 + $通货膨胀率$)$

学习心得

【要点6】资产收益（掌握）

项目	内容
含义	资产收益是指资产的价值在一定时期的增值
资产收益的表述方式	（1）以金额表示，称为资产的收益额，通常以资产价值在一定期限内的增值量来表示，该增值量来源于两部分：一是期限内资产的现金净收入；二是期末资产的价值（或市场价格）相对于期初价值（价格）的升值。前者多为利息、红利或股息收益，后者称为资本利得
	（2）以百分比表示，称为资产的收益率或报酬率，是资产增值量与期初资产价值（价格）的比值，该收益率也包括两部分：一是利息（股息）的收益率；二是资本利得的收益率。 对于计算期限短于或长于一年的资产，在计算收益率时一般要将不同期限的收益率转化成年收益率。 因此，如不作特殊说明，资产的收益指的就是资产的年收益率，又称资产的报酬率

【要点7】资产收益率（掌握）

类型	含义
实际收益率	已实现或确定可以实现的利息（股息）率与资本利得收益率之和。 利息（股息）率：衡量资产现金净收入，即利息、红利、股息等。 资本利得收益率：衡量资本利得，即期末期初资产价值（市场价格）的差值 【提示】当存在通货膨胀时，还应当扣除通货膨胀率的影响，剩余的才是真实的收益率
预期收益率	在不确定的条件下，预测的某资产未来可能实现的收益率。 预期收益率 $= \sum_{i=1}^{n}(R_i \times P_i)$ 式中，R_i 表示情况 i 出现时的收益率，P_i 表示情况 i 可能出现的概率

续表

类型	含义
必要收益率	必要收益率也称最低报酬率或最低要求的收益率，表示投资者对某资产合理要求的最低收益率。 必要收益率 = 无风险收益率 + 风险收益率 = 纯粹利率 + 通货膨胀补偿率 + 风险收益率

	无风险收益率	风险收益率
	无风险收益率 = 纯粹利率（货币时间价值）+ 通货膨胀补偿率 通常用短期国债的利率近似地代替无风险收益率	风险收益率是指某资产持有者因承担该资产的风险而要求的超过无风险收益率的额外收益。它的大小取决于以下两个因素：（1）风险的大小；（2）投资者对风险的偏好

【要点8】资产的风险及其衡量（掌握）

1. 风险的概念

概念	含义
风险	指收益的不确定性。 从财务管理的角度看，风险是企业在各项财务活动过程中，由于各种难以预料或无法控制的因素影响，使企业的实际收益与预计收益发生背离，从而蒙受经济损失的可能性

2. 衡量风险的指标

指标	计算公式	结论
方差（σ^2）	$\sigma^2 = \displaystyle\sum_{i=1}^{n} (X_i - \overline{E})^2 \times P_i$	预期收益率相同，收益率的方差越大，风险越大。适用于比较期望值相同的决策方案的风险程度
标准差（σ）	$\sigma = \sqrt{\displaystyle\sum_{i=1}^{n} (X_i - \overline{E})^2 \times P_i}$	预期收益率相同，收益率的标准差越大，风险越大。适用于比较期望值相同的决策方案的风险程度
标准差率（V）	$V = \dfrac{\sigma}{\overline{E}} \times 100\%$	在期望值不同的情况下，标准差率越大，风险越大；反之，标准差率越小，风险越小

3. 风险矩阵

按照风险发生的可能性和风险发生后果的严重程度，将风险绘制在风险矩阵图中，如下所示。

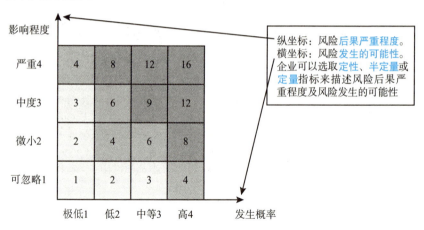

纵坐标：风险后果严重程度。
横坐标：风险发生的可能性。
企业可以选取定性、半定量或定量指标来描述风险后果严重程度及风险发生的可能性

风险矩阵的优缺点如下所示：

优点	为企业确定各项风险重要性等级提供了可视化的工具
缺点	（1）需要对风险重要性等级标准、风险发生可能性、后果严重程度等作出主观判断，可能影响使用的准确性； （2）应用风险矩阵所确定的风险重要性等级是通过相互比较确定的，因而无法将列示的个别风险重要性等级通过数学运算得到总体风险的重要性等级

学习心得 ---

【要点9】风险管理原则 (熟悉)

风险管理原则	内容
战略性原则	风险管理主要运用于企业战略管理层面，站在战略层面整合和管理企业风险是全面风险管理的价值所在
全员性原则	只有将风险意识转化为全体员工的共同认识和自觉行动，才能确保风险管理目标的实现
专业性原则	要求风险管理的专业人才实施专业化管理
二重性原则	企业全面风险管理的商业使命在于：损失最小化管理、不确定性管理和绩效最优化管理。当风险损失不能避免时，尽量减少损失至最小化；风险损失可能发生也可能不发生时，设法降低风险发生的可能性；风险预示着机会时，化风险为增加企业价值的机会
系统性原则	全面风险管理必须拥有一套系统的、规范的方法，建立健全全面风险管理体系，从而为实现风险管理的总体目标提供合理保证

【要点10】风险管理对策 （熟悉）

风险对策	概念	举例
风险规避	指企业回避、停止或退出蕴含某一风险的商业活动或商业环境，避免成为风险的所有人	退出某一市场以避免激烈竞争；拒绝与信用不好的交易对手进行交易；禁止各业务单位在金融市场上进行投机
风险承担	指企业对所面临的风险采取接受的态度，从而承担风险带来的后果	对未能辨识出的风险，企业只能承担；对于辨识出的风险，企业可能由于各种因素而选择承担；对于重大风险，企业一般不采用风险承担对策
风险转移	指企业通过合同将风险转移到第三方，企业对转移后的风险不再拥有所有权。转移风险不会降低其可能的严重程度，只是从一方移除后转移到另一方	购买保险；采取合营方式实现风险共担

续表

风险对策	概念	举例
风险转换	指企业通过战略调整等手段将企业面临的风险转换成另一个风险，其简单形式就是在减少某一风险的同时增加另一个风险	通过放松交易客户信用标准增加了应收账款，但扩大了销售
风险对冲	指引人多个风险因素或承担多个风险，使得这些风险能互相冲抵。风险对冲不是针对单一风险，而是涉及风险组合	常见的例子有资产组合使用、多种外币结算的使用和战略上的多种经营
风险补偿	指企业对风险可能造成的损失采取适当的措施进行补偿，形式包括财务补偿、人力补偿、物资补偿	常见的财务补偿包括企业自身的风险准备金或应急资本等

续表

风险对策	概念	举例
风险控制	指控制风险事件发生的动因、环境、条件等，来达到减轻风险事件发生时的损失或降低风险事件发生概率的目的	风险控制对象一般是可控风险，包括多数运营风险，如质量、安全和环境风险以及法律风险中的合规性风险

【总结】比较单项资产风险的步骤

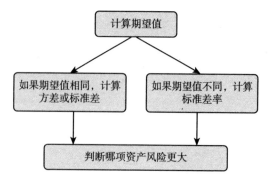

【要点11】证券资产组合的收益与风险（掌握）

1. 证券资产组合的预期收益率

证券资产组合的预期收益率是组成证券资产组合的各种资产收益率的加权平均数，其权数为各种资产在组合中的价值比例。

2. 证券组合的风险及其衡量

（1）证券组合的风险分散功能。

两项证券资产组合的收益率的方差满足以下关系式：

$$\sigma_p^2 = w_1^2 \sigma_1^2 + w_2^2 \sigma_2^2 + 2w_1 w_2 \rho_{1,2} \sigma_1 \sigma_2$$

式中，σ_p 表示证券资产组合的标准差，它衡量的是证券资产组合的风险；σ_1 和 σ_2 分别表示组合中两项资产收益率的标准差；w_1 和 w_2 分别表示组合中两项资产所占的价值比例；$\rho_{1,2}$ 反映两项资产收益率的相关程度，即两项资产收益率之间的相对运动状态，称为相关系数。相关系数的不同情况见下表。

相关系数 $\rho_{1,2}$	组合的标准离差 σ_p	风险分散情况
$\rho_{1,2} = +1$ （完全正相关）表明两项资产的收益率变化方向和变化幅度完全相同	$\sigma_p = \|(w_1\sigma_1 + w_2\sigma_2)\|$，$\sigma_p$ 达到最大	组合不能抵销任何风险
$\rho_{1,2} = -1$ （完全负相关）表明两项资产的收益率变化方向相反，变化幅度完全相同	$\sigma_p = \|(w_1\sigma_1 - w_2\sigma_2)\|$，$\sigma_p$ 达到最小，甚至可能是 0，即完全分散	组合可以最大限度地分散风险
$-1 < \rho_{1,2} < 1$	$0 < \sigma_p < (w_1\sigma_1 + w_2\sigma_2)$	资产组合可以分散部分风险

☀ 学习心得 ------------------------------

（2）证券组合的风险类别。

类型	含义
非系统性风险（特殊风险/特有风险/可分散风险）	发生于个别公司的特有事件造成的风险，它只影响一个或少数公司，不会对整个市场产生太大影响
系统性风险（市场风险或不可分散风险）	影响所有资产的、不能通过资产组合而消除的风险。这部分风险是由那些影响整个市场的风险因素所引起的。这些因素包括宏观经济形势的变动、国家经济政策的变化、税制改革、企业会计准则改革、世界能源状况、政治因素等

（3）系统性风险的衡量。

用 β 系数衡量系统性风险的大小，某资产的 β 系数反映了相对于市场组合而言特定资产的系统性风险。证券组合的 β 系数是所有单项资产 β 系数的加权平均数。

取值范围	含义
$\beta = 1$	该资产的收益率与市场平均收益率呈同方向、同比例的变化。该资产所含的系统性风险与市场组合的风险一致
$0 < \beta < 1$	该资产收益率的变动幅度小于市场组合收益率的变动幅度，所含的系统性风险小于市场组合的风险，资产收益率与市场平均收益率的变化方向相同
$\beta > 1$	该资产收益率的变动幅度大于市场组合收益率的变动幅度，所含的系统性风险大于市场组合风险，资产收益率与市场平均收益率的变化方向相同
$\beta = 0$	说明该资产为无风险资产
$\beta < 0$	资产收益率与市场平均收益率的变化方向相反，当市场平均收益率增加时，这类资产的收益率却在减少

提示　（1）绝大多数资产的 β 系数是大于 0 的，它们收益率的变化方向与市场平均收益率的变化方向是一致的，只是变化幅度不同而导致 β 系数的不同；
（2）极个别的资产的 β 系数是负数，表明这类资产与市场平均收益的变化方向相反，当市场平均收益增加时，这类资产的收益却在减少。

学习心得

【总结】对比相关系数 ρ 和 β 系数

相关系数 ρ 反映两项资产收益率的相关程度，即任意两项资产收益率之间的相对运动状态都可以用 ρ 衡量；β 系数是度量一项资产的系统性风险，它告诉我们相对于市场组合而言特定资产的系统性风险是多少。

项目	ρ	β
取值范围	$[-1, 1]$	可以为任意数
=1	代表两项资产的收益率变动方向和变化幅度完全相同	该资产所含的系统性风险与市场组合的风险一致
=-1	代表两项资产的收益率变动方向相反、变化幅度完全相同，此时资产组合的风险最小	即 $\beta < 0$，表明该资产收益率的变化与市场收益率变化是反向的
=0	即 $-1 < \rho < 1$，此时，证券资产组合的风险小于组合中各项资产风险之加权平均值	说明该资产为无风险资产

【要点12】资本资产定价模型的基本原理（掌握）

项目	内容
解决的问题	资本资产定价模型是"必要收益率＝无风险收益率＋风险收益率"的具体化，它解释了风险收益率的决定因素和度量方法，提供了对风险和收益之间的一种实质性的表述
完整表达式	$R = R_f + \beta \times (R_m - R_f)$。式中，$R$ 表示某资产的必要收益率，β 表示该资产的系统性风险系数，R_m 表示市场组合收益率，R_f 表示无风险收益率，也可以称为平均风险/市场组合的必要收益率等。$(R_m - R_f)$ 称为市场风险溢酬，也可以称为市场组合/股票市场/平均风险的风险收益率
适用范围	任何公司、任何资产（包括资产组合）都适用，只要将其 β 值代入公式即可得到其必要收益率
局限性	（1）某些资产或企业的 β 值难以估计。 （2）依据历史数据估算出来的 β 值对未来的指导作用必然要打折扣。 （3）模型的一些假设与实际情况有较大偏差，使该模型的有效性受到质疑

【要点 13】成本性态分析——固定成本（掌握）

分类	示例
约束性固定成本（经营能力成本）	管理当局的短期经营决策行动不能改变其数额的固定成本。例如，房屋租金、固定的设备折旧、管理人员的基本工资、车辆交强险等
酌量性固定成本	管理当局的短期经营决策行动能改变其数额的固定成本。例如，广告费、职工培训费、新产品研究开发费用（如研发活动中支出的技术图书资料费、资料翻译费、会议费、差旅费、办公费、外事费、研发人员培训费、培养费、专家咨询费、高新科技研发保险费用等）

提示 　（1）降低约束性固定成本的基本途径，只能是合理利用企业现有的生产能力，提高生产效率，以取得更大的经济效益。

（2）要想降低酌量性固定成本，只有厉行节约、精打细算，编制出积极可行的费用预算并严格执行，防止浪费和过度投资等。

【要点14】 成本性态分析——变动成本（掌握）

分类	示例
技术性变动成本 （约束性变动成本）	由技术或设计关系所决定的变动成本。 例如，生产一台汽车所需要耗用的一台引擎、一个底盘和若干轮胎
酌量性变动成本	酌量性变动成本是指通过管理当局的决策行动可以改变的变动成本。 例如，按销售收入的一定百分比支付的销售佣金、新产品研制费（如研发活动直接消耗的材料、燃料和动力费用等）、技术转让费等

 提示　　只有在相关产量范围内，变动成本总额才随产量的变动呈正比例变动。

【要点 15】 成本性态分析——混合成本 （掌握）

半变动成本	• 在一定初始量基础上，随业务量的变化呈正比例变动 • 如固定电话费
半固定成本	• 这类成本在一定业务量范围内的发生额是固定的，但当业务量增长到一定限度，其发生额就突然跳跃到一个新的水平，然后在业务量增长的一定限度内，发生额又保持不变，直到另一个新的跳跃 • 如企业的管理员、运货员、检验员的工资等成本项目
延期变动成本	• 延期变动成本在一定的业务量范围内有一个固定不变的基数，当业务量增长超出了这个范围，与业务量的增长呈正比例变动 • 如职工的基本工资、手机流量费
曲线变动成本	• 通常有一个不变的初始量，在这个初始量的基础上，随着业务量的增加，成本也逐步变化，但它与业务量的关系是非线性的，具体可以分为递增曲线成本和递减曲线成本两种类型 • 如果进计件工资、违约金等属于递增曲线成本，"费用封顶"的通信服务费等属于递减曲线成本

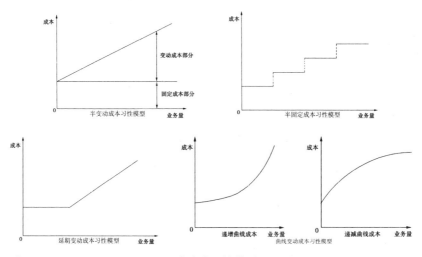

混合成本习性模型

【要点 16】 成本性态分析——混合成本的分解方法 （掌握）

分解方法	概念	特点
高低点法	是以过去某一会计期间的总成本和业务量资料为依据，从中选取业务量最高点和业务量最低点，将总成本进行分解，得出成本性态的模型。 单位变动成本 =（最高点业务量成本 - 最低点业务量成本）/（最高点业务量 - 最低点业务量） 固定成本总额 = 最高点业务量成本 - 单位变动成本×最高点业务量 或：固定成本总额 = 最低点业务量成本 - 单位变动成本×最低点业务量	采用高低点法计算较简单，但它只采用了历史成本资料中的高点和低点两组数据，故代表性较差
回归直线法	是根据过去一定期间的业务量和成本资料，应用最小二乘法原理，计算出最能代表业务量和成本关系的回归直线，据以确定混合成本中固定成本和变动成本的一种方法	回归直线法是一种历史成本估计方法，相较于高低点法更为精确

续表

分解方法	概念	特点
工业工程法	指运用工业工程的研究方法，逐项研究确定成本高低的每个因素，在此基础上直接估算固定成本与单位变动成本的一种方法。该方法主要是测定各项材料和人工投入的成本与产出的数量，将与产量有关的投入归集为单位变动成本，与产量无关的部分归集为固定成本	通常适用于投入成本与产出数量之间有规律性联系的成本分解，可在没有历史成本数据的情况下使用
账户分析法/会计分析法	根据有关成本账户及其明细账的内容，结合其与业务量的依存关系，判断其比较接近哪一类成本，就视其为哪一类成本	简便易行，但比较粗糙且带有主观判断
合同确认法	根据企业订立的经济合同或协议中关于支付费用的规定，来确认并估算哪些项目属于变动成本，哪些项目属于固定成本的方法	合同确认法要配合账户分析法使用

第三章　预算管理

☞ 掌握预算的分类

☞ 掌握预算管理的概念和原则

☞ 掌握预算的编制方法

☞ 掌握经营预算的编制

☞ 掌握财务预算的编制

☞ 掌握预算的执行

☞ 掌握预算的分析与考核

☞ 熟悉预算的特征与作用

☞ 熟悉预算的编制程序

☞ 熟悉专门决策预算的编制

【要点1】预算的分类（掌握）

分类			内容
按照内容不同	经营预算（业务预算）	辅助预算（分预算）	与企业日常业务直接相关的一系列预算，包括销售预算、生产预算、采购预算、费用预算、人力资源预算等
	专门决策预算		企业重大的或不经常发生的、需要特定决策编制的预算，包括投融资决策等
	财务预算	全面预算体系的最后环节（总预算）	与企业资金收支、财务状况或经营成果等有关的预算，包括资金预算、预计资产负债表、预计利润表等
按照时间不同	短期预算		预算期在1年以内（含1年）的预算
	长期预算		预算期在1年以上的预算

【要点2】预算管理的概念和原则（掌握）

项目	内容
概念	是指企业以战略目标为导向，通过对未来一定期间内的经营活动和相应的财务结果进行全面预测和筹划，科学、合理配置企业各项财务和非财务资源，并对执行过程进行监督和分析，对执行结果进行评价和反馈，指导经营活动的改善和调整，进而推动实现企业战略目标的管理活动
原则	**战略导向原则** 应围绕企业的战略目标和业务计划有序开展
	过程控制原则 应通过及时监控、分析等把握预算目标的实现进度并实施有效评价
	融合性原则 应以业务为先导、以财务为协同，将预算管理嵌入企业经营管理活动的各个领域、层次、环节

续表

项目		内容
原则	平衡管理原则	应平衡长期目标与短期目标、整体利益与局部利益、收入与支出、结果与动因等关系，促进企业可持续发展
	权变性原则	应刚性与柔性相结合，强调预算对经营管理的刚性约束，又可根据内外环境的重大变化来调整预算，并针对例外事项进行特殊处理

【要点3】预算的编制方法（掌握）

1. 增量预算法与零基预算法（按出发点的特征不同）

方法	定义	特点
增量预算法	是指以历史期实际经济活动及其预算为基础，结合预算期经济活动及相关影响因素的变动情况，通过调整历史期经济活动项目及金额形成预算的预算编制方法	缺点：可能导致无效费用开支项目无法得到有效控制；使得不必要开支合理化，造成预算上的浪费
零基预算法	是指企业不以历史期经济活动及其预算为基础，以零为起点，从实际需要出发分析预算期经济活动的合理性，经综合平衡，形成预算的预算编制方法	优点：（1）是以零为起点编制预算，不受历史期经济活动中的不合理因素影响，能够灵活应对内外环境的变化，预算编制更贴近预算期企业经济活动需要；（2）有助于增加预算编制透明度，有利于进行预算控制。缺点：（1）预算编制工作量较大、成本较高；（2）预算编制的准确性受企业管理水平和相关数据标准准确性的影响较大

2. 固定预算法与弹性预算法（按业务量基础的数量特征不同）

（1）固定预算法与弹性预算法的定义和特点。

方法	定义	特点
固定预算法（静态预算法）	是指以预算期内正常的、最可实现的某一业务量（是指企业产量、销售量、作业量等与预算项目相关的弹性变量）水平为固定基础，不考虑可能发生的变动的预算编制方法	优点：编制相对简单，也容易使管理者理解。 缺点：①适应性差；②可比性差
弹性预算法（动态预算法）	是指企业在分析业务量与预算项目之间数量依存关系的基础上，分别确定不同业务量及其相应预算项目所消耗资源的预算编制方法	优点：考虑了预算期可能的不同业务量水平，更贴近企业经营管理实际情况。 缺点：①编制工作量大；②市场及其变动趋势预测的准确性、预算项目与业务量之间依存关系的判断水平等会对弹性预算的合理性造成较大影响

提示　理论上，弹性预算法适用于编制全面预算中所有与业务量有关的预算，但实务中主要用于编制成本费用预算和利润预算，尤其是成本费用预算。

（2）弹性预算的业务量。

$$
业务量
\begin{cases}
业务量的选择（选最能代表\\生产经营活动水平的）
\begin{cases}
以手工操作为主的车间：选人工工时\\
制造单一产品或零件的部门：选实物数量\\
修理部门：直接修理工时
\end{cases}\\[2em]
业务量的范围
\begin{cases}
一般可定为正常生产能力的70\%～110\%\\
或以历史上最高业务量和最低业务量为上下限
\end{cases}
\end{cases}
$$

（3）编制弹性预算的方法。

方法	编制要点	优点	缺点
公式法	$y=a+bx$ y：预算成本总额；a：固定基数；b：与业务量有关的弹性定额；x：预计业务量	在一定范围内预算可以随业务量变动而变动，可比性和适应性强，编制预算的工作量相对较小	①按公式进行成本分解比较麻烦，对每个费用子项目甚至细目逐一进行成本分解，工作量很大；②阶梯成本和曲线成本只能用数学方法修正为直线，才能应用公式法；③相关弹性定额可能仅适用于一定业务量范围内

续表

方法	编制要点	优点	缺点
列表法	用列表的方式，在业务量范围内依据已划分的若干等级，分别计算各项预算值	①不管实际业务量是多少，不必经过计算即可找到与业务量相近的预算成本；②混合成本中的阶梯成本和曲线成本，可按总成本性态模型计算填列，不必用数学方法修正为近似的直线成本	在评价和考核实际成本时，往往需要使用插值法来计算"实际业务量的预算成本"，比较麻烦

3. 定期预算法与滚动预算法（按预算期的时间不同）

（1）定期预算法和滚动预算法的定义和特点。

方法	定义	特点
定期预算法	以固定会计期间（如日历年度）作为预算期的一种预算编制方法	优点：能够使预算期间与会计期间相对应，便于将实际数与预算数进行对比，也有利于对预算执行情况进行分析和评价。 缺点：以固定会计期间（如1年）为预算期，在执行了一段时期之后，往往使管理人员只考虑剩下时间的业务量，缺乏长远打算，导致一些短期行为的出现
滚动预算法	是指企业根据上一期预算执行情况和新的预测结果，按既定的预算编制周期和滚动频率，对原有的预算方案进行调整和补充，逐期滚动，持续推进的预算编制方法	优点：通过持续滚动预算编制、逐期滚动管理，实现动态反映市场、建立跨期综合平衡，从而有效指导企业营运，强化预算的决策与控制职能。 缺点：①预算滚动的频率越高，对预算沟通的要求越高，预算编制的工作量越大；②过高的滚动频率容易增加管理层的不稳定感，导致预算执行者无所适从

（2）滚动预算法的分类。

分类	概念	特点
逐月滚动	逐月滚动是指在预算编制过程中，以月份为预算的编制和滚动单位，每个月调整一次预算的方法	编制的预算比较精确，但工作量比较大
逐季滚动	逐季滚动方式是指在预算编制过程中，以季度为预算的编制和滚动单位，每个季度调整一次预算的方法	比逐月滚动工作量小，但精确度较差
混合滚动	在预算编制过程中，同时以月份和季度作为预算的编制和滚动单位的方法	这种预算方法的理论依据是：人们对未来的了解程度具有对近期把握较大、对远期的预计把握较小的特征

【要点4】经营预算的编制（掌握）

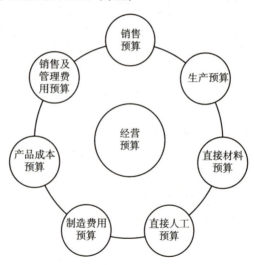

提示 预算编制依据如下图所示：

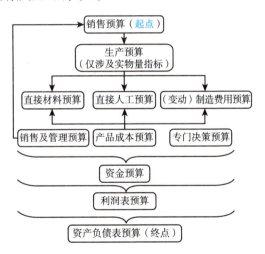

（1）销售预算：整个预算的编制起点，是其他预算的基础。

（2）生产预算：只涉及实物量指标，不涉及价值量指标。

预计期末产成品存货量 = 下期预计销售量 × $n\%$

预计期初产成品存货量 = 上期期末产成品存货量

预计生产量 = 预计销售量 + 预计期末产成品存货量 - 预计期初产成品存货量

（3）直接材料预算：以生产预算为基础编制。

预计材料采购量 = 生产需用量 + 期末材料存量 - 期初材料存量

（4）直接人工预算：以生产预算为基础编制。

（5）制造费用预算：通常分为变动制造费用预算和固定制造费用预算两部分。变动制造费用预算以生产预算为基础编制，固定制造费用需要逐项进行预计。

（6）产品成本预算：是对销售预算、生产预算、直接材料预算、直接人工预算、制造费用预算的汇总。

（7）销售及管理费用预算：销售费用预算以销售预算为基础，管理费用多属于固定成本，所以，一般是以过去的实际开支为基础。

【要点5】财务预算的编制（掌握）

1. 财务预算的编制——资金预算

项目	内容
编制依据	经营预算和专门决策预算
内容	（1）可供使用现金；（2）现金支出；（3）现金余缺；（4）现金筹措与运用
关系公式	可供使用现金 = 期初余额 + 现金收入；可供使用现金 – 现金支出 = 现金余缺；现金余缺 + 现金筹措 – 现金运用 = 期末现金余额

提示　资金预算流程如下图所示：

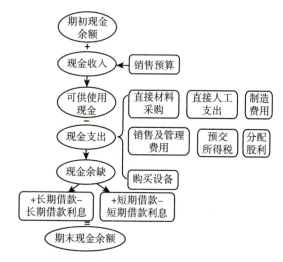

2. 财务预算的编制——预计利润表

项目	编制依据
销售收入	数据来自销售预算
销售成本	数据来自产品成本预算
毛利	毛利 = 销售收入 – 销售成本
销售及管理费用	数据来自销售及管理费用预算
利息	数据来自资金预算
利润总额	利润总额 = 毛利 – 销售及管理费用 – 利息
所得税费用	在利润规划时估计的，并已列入资金预算
净利润	净利润 = 利润总额 – 所得税费用

3. 财务预算的编制——预计资产负债表

项目	内容
含义	反映企业在计划期末预计的财务状况
编制依据	需以计划期开始日的资产负债表为基础，结合计划期间各项经营预算、专门决策预算、资金预算和预计利润表进行编制
特点	它是编制全面预算的终点

【要点6】预算的执行（掌握）

项目	内容
预算控制	是指企业以预算为标准，通过预算分解、过程监督、差异分析等促使日常经营不偏离预算标准的管理活动
预算调整	年度预算经批准后，原则上不作调整。企业应在制度中严格明确预算调整的条件、主体、权限和程序等事宜，当内外战略环境发生重大变化或突发重大事件等，导致预算编制的基本假设发生重大变化时，可进行预算调整。对于预算执行单位提出的预算调整事项，企业进行决策时，一般应当遵循以下要求：（1）预算调整事项不能偏离企业发展战略；（2）预算调整方案应当在经济上能够实现最优化；（3）预算调整重点应当放在预算执行中出现的重要的、非正常的、不符合常规的关键性差异方面

【要点7】预算的分析与考核（掌握）

项目	内容
预算分析	（1）企业管理部门及各预算执行单位应当充分收集有关资料。 （2）企业预算管理委员会定期组织预算审计。 （3）预算期终了，预算管理委员会应当向董事会或者经理办公会报告预算执行情况
预算考核	（1）预算考核主要针对定量指标进行考核。 （2）预算考核主体和考核对象的界定应坚持上级考核下级、逐级考核、预算执行与预算考核职务相分离的原则

【要点8】预算的特征与作用（熟悉）

项目	内容
特征	（1）预算与企业的战略目标保持一致。因为预算是为实现企业目标而对各种资源和企业活动所作的详细安排。 （2）预算是数量化的并具有可执行性。因为预算作为一种数量化的详细计划，它是对未来活动的细致安排，是未来经营活动的依据
作用	（1）事前制定目标：预算通过规划、控制和引导经济活动，使企业经营达到预期目标。 （2）事中协调工具：预算可以实现企业内部各个部门之间的协调。 （3）事后考核依据：预算是业绩考核的重要依据

【要点9】预算的编制程序（熟悉）

企业一般按照分级编制、逐级汇总的方式，采用自上而下、自下而上、上下结合或多维度相协调的流程编制预算。

程序	内容
（1）下达目标	企业董事会或经理办公会根据企业发展战略和预算期经济形势的初步预测，提出下一年度企业预算目标，并确定预算编制的政策，由预算管理委员会下达至各预算执行单位
（2）编制上报	各预算执行单位按照企业预算管理委员会下达的预算目标和政策，提出本单位详细的预算方案，上报企业财务管理部门
（3）审查平衡	企业财务管理部门对各预算执行单位上报的财务预算方案进行审查、汇总，提出建议。此过程中，预算管理委员会应当对发现的问题提出初步调整意见，反馈给有关预算执行单位予以修正

续表

程序	内容
（4）审议批准	企业财务管理部门编制出企业预算方案，报企业预算管理委员会讨论。对于不符合企业发展战略或者预算目标的事项，企业预算管理委员会应当责成有关预算执行单位进一步修订、调整。企业财务管理部门正式编制企业年度预算草案，提交董事会或经理办公会审议批准
（5）下达执行	企业财务管理部门对董事会或经理办公会审议批准的年度总预算，一般在次年3月底以前，分解成一系列的指标体系，由预算管理委员会逐级下达各预算执行单位执行

【要点10】专门决策预算的编制（熟悉）

项目	内容
概念	专门决策预算主要是长期投资预算（又称资本支出预算），通常是指与项目投资决策相关的专门预算，它往往涉及长期建设项目的资金投放与筹集，并经常跨越多个年度
依据	项目财务可行性分析资料以及企业筹资决策资料
要点	准确反映项目资金投资支出与筹资计划，它同时也是编制资金预算和预计资产负债表的依据

第四章 筹资管理（上）

☞ 掌握债务筹资的基本形式
☞ 掌握股权筹资的基本形式
☞ 熟悉筹资管理的内容、企业的筹资方式、企业筹资的分类、筹资管理的原则
☞ 熟悉债务筹资的优缺点
☞ 熟悉股权筹资的优缺点

【要点1】企业筹资管理的内容（熟悉）

内容	管理方法
科学预计资金需要量	企业创立时，要按照规划的生产经营规模，预计长期资本需要量和流动资金需要量；企业正常营运时，要根据年度经营计划和资金周转水平，预计维持日常营业活动的资金需求量；企业扩张发展时，要根据扩张规模或对外投资的大额资金需求，安排专项资金
合理安排筹资渠道、选择筹资方式	深刻认识各种筹资渠道和筹资方式的特征、性质以及与企业筹资要求的适应性。在权衡不同性质资金的数量、成本和风险的基础上，按照不同的筹资渠道合理选择筹资方式，有效筹集资金
降低资本成本、控制财务风险	权衡债务清偿的财务风险，合理利用资本成本较低的资金种类，努力降低企业资本成本率，同时，要充分考虑财务风险，防范引发企业破产的财务危机

【要点2】各种筹资方式比较（熟悉）

方式	含义	特点
吸收直接投资	企业以投资合同、协议等形式定向地吸收国家、法人单位、自然人等投资主体资金的筹资方式	主要适用于非股份制公司筹集股权资本
发行股票	企业以发售股票的方式取得资金的筹资方式	只适用于股份有限公司，而且必须以股票作为载体
发行债券	企业以发售公司债券的方式取得资金的筹资方式	是一种债务筹资方式
向金融机构借款	企业根据借款合同从银行或非银行金融机构取得资金	广泛适用于各类企业，它既可以筹集长期资金，也可以用于短期融通资金，具有灵活、方便的特点

续表

方式	含义	特点
租赁	在一定期间内，出租人将资产的使用权让与承租人以获取对价的合同。从承租方角度，租赁是指企业与出租人签订租赁合同，取得租赁物资产，通过对租赁物的占有、使用取得资金的筹资方式	不直接取得货币性资金，通过租赁信用关系，直接取得实物资产，快速形成生产经营能力，然后通过向出租人分期交付租金方式偿还资产的价款
商业信用	企业之间在商品或劳务交易中，由于延期付款或延期交货所形成的借贷信用关系	是企业短期资金的一种重要的且经常性的来源
留存收益	企业从税后利润中提取的盈余公积金，以及从企业可供分配利润中留存的未分配利润	是企业将当年利润转化为股东对企业追加投资的过程

续表

方式	含义	特点
发行可转换债券	由发行公司发行并规定债券持有人在一定期间内依据约定条件可将其转换为发行公司股票的债券	可转换债券的期限最短为1年，最长为6年，自发行结束之日起6个月方可转换为公司股票。可转换债券兼有股权筹资和债务筹资性质，是一种混合筹资方式
发行优先股股票	企业以发售优先股股票的方式取得资金的筹资方式	优先股股票是指有优先权的股票，优先股股东优先于普通股股东分配公司利润和剩余财产，但对公司事务无表决权。优先股的股息率通常事先固定，一般按面值的一定百分比来计算，有类似债券的特征。优先股股票筹资兼有股权筹资和债务筹资性质，是一种混合筹资方式

【要点3】企业筹资的分类（熟悉）

1. 筹资的类别

分类标准	内容
企业所取得资金的权益特性	股权筹资
	债务筹资
	衍生工具筹资
是否借助于金融机构为媒介来获取社会资金	直接筹资
	间接筹资
资金的来源范围不同	内部筹资
	外部筹资
所筹集资金的使用期限不同	长期筹资和短期筹资

2. 股权筹资与债务筹资

筹资方式	是否偿还本金	取得方式	特点
股权筹资	在企业持续经营期间，投资者不得抽回，不用偿还本金	吸收直接投资、发行股票、内部积累	财务风险小，付出的资本成本相对较高
债务筹资	到期要归还本金和支付利息	向金融机构借款、发行债券、租赁	财务风险较大，付出的资本成本相对较低

提示 股权资本包括实收资本（股本）、资本公积、盈余公积和未分配利润。

3. 直接筹资与间接筹资

项目	含义	方式	特点
直接筹资	企业直接与资金供应者协商融通资金的筹资活动	发行股票、发行债券、吸收直接投资等	筹资手续比较复杂，筹资费用较高；但筹资领域广阔，能够直接利用社会资金，有利于提高企业的知名度和资信度
间接筹资	企业借助银行和非银行金融机构筹集资金	基本方式是银行借款，此外还有租赁等	筹资手续相对比较简便，筹资效率高，筹资费用较低，但容易受金融政策的制约和影响

4. 内部筹资与外部筹资

项目	含义	特点
内部筹资	企业通过利润留存而形成的筹资来源	内部筹资数额大小主要取决于企业可分配利润的多少和利润分配政策，一般无须花费筹资费用
外部筹资	企业向外部筹措资金而形成的筹资来源	企业向外部筹资大多需要花费一定的筹资费用

5. 长期筹资与短期筹资

项目	含义	目的	筹集方式
长期筹资	企业筹集使用期限在 1 年以上的资金	形成和更新企业的生产和经营能力，或扩大企业生产经营规模，或为对外投资筹集资金，所形成的长期资金主要用于购建固定资产、形成无形资产、进行对外长期投资、垫支铺底流动资金、产品和技术研发等	吸收直接投资、发行股票、发行债券、长期借款、租赁
短期筹资	企业筹集使用期限在 1 年以内的资金	用于企业的流动资产和资金日常周转，一般需要在短期内偿还	商业信用、短期借款、保理业务等方式

【要点4】筹资管理的原则（熟悉）

原则	特点
筹措合法	遵循国家法律法规，合法筹措资金
规模适当	分析生产经营情况，合理预计资金需要量
取得及时	合理安排筹资时间，适时取得资金
来源经济	充分利用各种筹资渠道，选择经济、可行的资金来源
结构合理	综合考虑各种筹资方式，优化资本结构

学习心得 ┈┈┈┈┈┈┈┈┈┈┈┈┈┈┈┈┈┈┈┈┈┈┈┈┈┈┈┈┈┈┈┈┈┈
┈┈
┈┈
┈┈

【要点5】银行借款（掌握）

1. 银行借款的种类

分类标准	类型	特点
按提供贷款的机构分类	政策性银行贷款	通常为长期贷款
	商业银行贷款	包括短期贷款和长期贷款
	其他金融机构贷款	一般较商业银行贷款的期限要长，要求的利率较高，对借款企业的信用要求和担保选择比较严格
按机构对贷款有无担保要求分类	信用贷款	风险较高，银行会收取较高利息，并往往会附加一定的限制条件
	担保贷款	又分为保证贷款、抵押贷款和质押贷款

提示 作为贷款担保的抵押品，可以是不动产、机器设备、交通运输工具等实物资产，可以是依法有权处分的土地使用权，也可以是股票、债券等有价证券等，它们必须是能够变现的资产；作为贷款担保的质押品，可以是汇票、支票、债券、存款单、提单等信用凭证，可以是依法可以转让的股份、股票等有价证券，也可以是依法可以转让的商标专用权、专利权、著作权中的财产权等。

学习心得

----

2. 长期借款的保护性条款

种类	含义	具体内容
例行性保护条款	这类条款作为例行常规，在大多数借款合同中都会出现	（1）定期向提供贷款的金融机构提交公司财务报表； （2）保持存货储量，不准在正常情况下出售较多的非产成品存货； （3）及时清偿债务； （4）不准以资产作其他承诺的担保或抵押； （5）不准贴现应收票据或出售应收账款
一般性保护条款	是对企业资产的流动性及偿债能力等方面的要求条款，这类条款应用于大多数借款合同	（1）保持企业的资产流动性； （2）限制企业非经营性支出； （3）限制企业资本支出的规模； （4）限制公司再举债规模； （5）限制公司的长期投资
特殊性保护条款	这类条款是针对某些特殊情况而出现在部分借款合同中的条款，只有在特殊情况下才能生效	（1）要求公司的主要领导人购买人身保险； （2）借款的用途不得改变； （3）违约惩罚条款

【要点6】发行公司债券（掌握）

1. 发行债券的资格与条件

发行资格	股份有限公司和有限责任公司，具有发行债券的资格
发行条件	（1）具备健全且运行良好的组织机构； （2）最近3年平均可分配利润足以支付公司债券1年的利息； （3）国务院规定的其他条件

提示 公司债券可以公开发行，也可以非公开发行。公开发行债券募集的资金，必须按照公司债券募集办法所列资金用途使用，改变资金用途，必须经债券持有人会议作出决议。公开发行债券筹措的资金，不得用于弥补亏损和非生产性支出。

2. 债券的分类

分类标准	类型
按是否记名分类	记名债券
	不记名债券
按能否转换成公司股权分类	可转换债券
	不可转换债券
按有无特定财产担保分类	担保债券
	信用债券
按是否公开发行分类	公开发行债券
	非公开发行债券

提示 （1）担保债券主要是指抵押债券，抵押债券按照其抵押品的不同，又分为不动产抵押债券、动产抵押债券和证券信托抵押债券。

（2）永续债与普通债券的主要区别在于：第一，不设定债券的到期日。第二，票面利率较高。第三，大多数永续债的附加条款中包括赎回条款以及利率调整条款。永续债实质是一种介于债权和股权之间的融资工具。永续债是分类为权益工具还是金融负债，应把"是否能无条件避免交付现金或其他金融资产的合同义务"作为判断永续债分类的关键，发行人能够无条件地避免交付现金或者其他金融资产合同义务情况发生的永续债属于权益工具，结合永续债募集说明书条款，按照经济实质重于法律形式原则判断。目前，国内已发行的永续债债券类型主要有可续期企业债、可续期定向融资工具、可续期公司债、永续中期票据等。

（3）资信状况符合规定标准的公司债券可以向公众投资者公开发行，也可以自主选择仅面向合格投资者公开发行。未达到规定标准的公司债券公开发行应当面向合格投资者。非公开发行的公司债券应当向合格投资者发行。

（4）记名公司债券，应当在公司债券存根簿上载明债券持有人的姓名及住所、债券持有人取得债券的日期及债券的编号、债券总额、票面金额、利率、还本付息的期限和方式、债券的发行日期等信息。

学习心得

3. 公司债券发行的程序

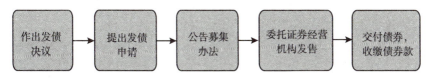

作出发债决议 → 提出发债申请 → 公告募集办法 → 委托证券经营机构发售 → 交付债券，收缴债券款

提示 　　申请公开发行公司债券，应当向国务院授权的部门或者国务院证券监督管理机构报送公司营业执照、公司章程、公司债券募集办法等正式文件及国务院授权的部门或者国务院证券监督管理机构规定的其他文件。按照《证券法》聘请保荐人的，还应当报送保荐人出具的发行保荐书。

4. 债券的偿还

分类		含义	特点
提前偿还		在债券尚未到期之前就予以偿还	所支付的价格通常要高于债券的面值，并随到期日的临近而逐渐下降；使公司筹资有较大的弹性。当公司资金有结余时，可提前赎回债券；当预测利率下降时，也可提前赎回债券，而后以较低的利率来发行新债券
到期偿还	分批偿还	公司在发行同一种债券的当时就为不同编号或不同发行对象的债券规定了不同的到期日	各批债券各自的发行价格和票面利率可能不相同，从而导致发行费较高；便于投资人挑选最合适的到期日，便于发行
	一次偿还	在债券到期日，一次性归还债券本金，并结算债券利息	—

【要点 7】租赁（掌握）

1. 使用权资产和租赁负债

项目	使用权资产	租赁负债
计量方式	按照成本进行初始计量	按照租赁期开始日尚未支付的租赁付款额的现值进行初始计量
具体内容	成本包括：（1）租赁负债的初始计量金额；（2）在租赁期开始日或之前支付的租赁付款额，存在租赁激励的，扣除已享受的租赁激励相关金额；（3）承租人发生的初始直接费用；（4）承租人为拆卸及移除租赁资产、复原租赁资产所在场地或将租赁资产恢复至租赁条款约定状态预计将发生的成本	在计算租赁付款额的现值时，首选租赁内含利率（在租赁开始日，使最低租赁收款额的现值与未担保余值的现值之和等于租赁资产公允价值与出租人的初始直接费用之和的折现率），无法确定时，采用承租人增量借款利率（承租人在类似经济环境下为获得与使用权资产价值接近的资产，在类似期间以类似抵押条件借入资金须支付的利率）

2. 租赁的基本特征

形式	具体内容
所有权与使用权相分离	是资金与实物相结合基础上的分离
融资与融物相结合	是以商品形态与货币形态相结合提供的信用活动，是银行信贷和财产信贷融合在一起，具有信用和贸易双重性质
租金的分期支付	出租方——资金一次投入，分期收回；承租方——提前获得资产的使用价值。这种方式便于规划未来的现金流出量

3. 租赁的基本程序

程序	内容
选择租赁公司，提出委托申请	了解各个租赁公司的资信情况、融资条件和租赁费率等—分析比较选定一家作为出租单位—向租赁公司申请办理租赁
签订购货协议	承租企业/租赁公司（或双方）与供应厂商进行技术谈判和商务谈判—签订购货协议
签订租赁合同	租赁合同是租赁业务的重要文件，具有法律效力。内容可分为一般条款和特殊条款两部分（如需要进口设备，还应办理设备进口手续）
交货验收	供应厂商将设备发运到指定地点—承租企业办理验收手续—验收合格—签发交货及验收证书
定期交付租金	即承租企业对所筹资金的分期还款
合同期满处理设备	承租企业根据合同约定，对设备续租、退租或留购

4. 租赁的基本形式

形式	特点
直接租赁	是租赁的主要形式，承租方提出租赁申请时，出租方按照承租方的要求选购设备，然后再出租给承租方
售后回租	指承租方由于急需资金等各种原因，将自己的资产售给出租方，然后以租赁的形式从出租方原封不动地租回资产的使用权。在这种租赁合同中，除资产所有者的名义改变之外，其余情况均无变化
杠杆租赁	指涉及承租人、出租人和资金出借人三方的租赁业务

提示　　杠杆租赁和直接租赁对承租人而言没有差别，因为承租人与资金出借人不发生任何联系。

5. 租金计算

项目	内容
租金的构成	设备原价及预计残值，包括设备买价、运输费、安装调试费、保险费等，以及设备租赁期满后出售可得的收入
	利息，指租赁公司为承租企业购置设备垫付资金所应支付的利息
	租赁手续费和利润，其中，手续费是指租赁公司承办租赁设备所发生的业务费用，包括业务人员工资、办公费、差旅费等
租金的支付方式	按支付间隔期长短分类：年付、半年付、季付和月付等
	按在期初和期末支付分类：先付和后付
	按每次支付额分类：等额支付和不等额支付
租金的计算	租赁的租金大多采用等额年金法，相当于已知普通年金现值倒求年金

6. 租赁的筹资特点

特点	内容
无须大量资金就能迅速获得资产	使企业在资金短缺的情况下引进设备成为可能。特别是针对中小企业、新创企业、大型企业的某些固定资产而言，租赁是一条重要的筹资途径
财务风险小，财务优势明显	与购买的一次性支出相比，能够避免一次性支付的负担，而且租金支出是未来的、分期的，企业无须一次筹集大量资金偿还。还款时，租金可以通过项目本身产生的收益来支付，是一种基于未来的"借鸡生蛋、卖蛋还钱"的筹资方式
筹资的限制条件较少	企业运用股票、债券、长期借款等筹资方式，都受到相当多的资格条件的限制，如足够的抵押品、银行贷款的信用标准、发行债券的政府管制等。相比之下，租赁筹资的限制条件很少

续表

特点	内容
能延长资金融通的期限	通常为购置设备而贷款的借款期限比该资产的物理寿命要短得多，而租赁的融资期限却可接近其全部使用寿命期限；并且其金额随设备价款金额而定，无融资额度的限制
资本成本较高	租金通常比银行借款或发行债券所负担的利息高得多，租金总额通常要比设备价值高出 30%。尽管租赁能够避免到期一次性集中偿还的财务压力，但高额的固定租金也给各期的经营带来了负担

【要点8】 吸收直接投资 （掌握）

1. 吸收直接投资的定义和种类

项目		内容
定义		是指企业按照"共同投资、共同经营、共担风险、共享收益"的原则，直接吸收国家、法人、个人和外商投入资金的一种筹资方式
种类	吸收国家投资	特点：产权归国家；资金的运用和处置受国家约束较大；在国有公司中采用比较广泛
	吸收法人投资	特点：发生在法人单位之间；以参与公司利润分配或控制为目的；出资方式灵活多样
	吸收外商投资	—
	吸收个人投资	特点：参加投资的人员较多；每人投资数额较少；以参与利润分配为目的

2. 吸收直接投资的出资方式

出资方式	说明
货币资产出资	是吸收直接投资中最重要的出资方式
实物资产出资	应满足以下条件： （1）适合企业生产、经营、研发等活动需要； （2）技术性能良好； （3）作价公平合理
土地使用权出资	应满足以下条件： （1）适合企业生产、经营、研发等活动需要； （2）地理、交通条件适宜； （3）作价公平合理
知识产权出资	应满足以下条件： （1）有助于研究、开发和生产出新的高科技产品； （2）有助于提高生产效率、改进产品质量； （3）有利于降低生产、能源等各种消耗； （4）作价公平合理
特定债权出资	指企业依法发行的可转换债券和可以按照国家有关规定转作股权的债权

【要点9】发行普通股股票（掌握）

1. 基本要点

项目	内容
股票的特点	永久性；流通性；风险性；参与性
股东的权利	公司管理权；收益分享权；股份转让权；优先认股权；剩余财产要求权
股票的种类	（1）按股东的权利和义务，可以分为普通股和优先股。 （2）按股票票面是否记名，可以分为记名股票和无记名股票；我国《公司法》规定，公司向发起人、法人发行的股票，应当为记名股票；向社会公众发行的股票，可以为记名股票，也可以为无记名股票。 （3）按发行对象和上市地点，分为A股、B股、H股、N股、S股等
股份有限公司的发起人应当承担的责任	公司不能成立时，对设立行为所产生的债务和费用负连带责任
	公司不能成立时，对认股人已缴纳的股款，负返还股款并加算银行同期存款利息的连带责任

续表

项目	内容
股份有限公司的发起人应当承担的责任	在公司设立过程中，由于发起人的过失致使公司利益受到损害的，应当对公司承担赔偿责任

 提示　（1）设立股份有限公司，应当有1人以上200人以下为发起人，其中须有半数以上的发起人在中国境内有住所。

（2）记名股票应当记载该发起人、法人的名称或者姓名，不得另立户名或者以代表人姓名记名。

2. 我国证券交易所概况

类别	成立时间	性质	主要职能/目标	现状
上海证券交易所	1990年11月26日	是经国务院授权，由中国人民银行批准建立的全国性证券交易场所，受中国证监会监督管理，是实行自律管理的会员制非营利性法人	提供证券交易的场所和设施；制定证券交易所的业务规则；接受上市申请、安排证券上市；组织、监督证券交易；对会员、上市公司进行监管；管理和公布市场信息；中国证监会许可的其他职能	主要以主板为主，重点服务各行业、各地区的龙头企业和大型骨干企业；2019年设立科创板，支持高科技企业发展。上海证券交易所包括主板和科创板资本市场
深圳证券交易所	1990年12月1日	是经国务院批准设立的全国性证券交易场所，受中国证监会监督管理，是实行自律管理的会员制非营利性法人	提供证券交易的场所和设施；制定证券交易所业务规则；接受上市申请、安排证券上市；组织、监督证券交易；对上市公司进行监管；管理和公布市场信息；中国证监会许可的其他职能	初步建立主板、中小企业板和创业板差异化发展的多层次资本市场体系；2021年2月5日，中国证监会宣布，批准深圳证券交易所主板和中小板合并

续表

类别	成立时间	性质	主要职能/目标	现状
北京证券交易所	2021 年 9 月 3 日	是经国务院批准设立的中国第一家公司制证券交易所，受中国证监会监督管理	一是构建一套契合创新型中小企业特点的，涵盖发行上市、交易、退市、持续监管、投资者适当性管理等基础制度安排，补足多层次资本市场发展普惠金融的短板。二是畅通北京证券交易所在多层次资本市场的纽带作用，形成相互补充、相互促进的中小企业直接融资成长路径。三是培育一批专精特新中小企业，形成创新创业热情高涨、合格投资者踊跃参与、中介机构归位尽责的良性资本市场生态	经营范围为依法为证券集中交易提供场所和设施、组织和监督证券交易以及证券市场管理服务等业务

提示　中国大陆有三家证券交易所，即上海证券交易所、深圳证券交易所和北京证券交易所。这三家证券交易所互联互通、相互补充、相互促进，构成了我国各板块差异化发展的多层次资本市场体系。

学习心得

---

3. 各板块首次公开发行股票的条件

项目	条件内容
《证券法》规定的基本条件	（1）具备健全且运行良好的组织机构。（2）具有持续经营能力。（3）最近 3 年财务会计报告被出具无保留意见审计报告。（4）发行人及其控股股东、实际控制人最近 3 年不存在贪污、贿赂、侵占财产、挪用财产或者破坏社会主义市场经济秩序的刑事犯罪。（5）经国务院批准的国务院证券监督管理机构规定的其他条件
《首次公开发行股票注册管理办法》规定的条件	（1）发行人是依法设立且持续经营 3 年以上的股份有限公司，具备健全且运行良好的组织机构，相关机构和人员能够依法履行职责。 （2）发行人会计基础工作规范，财务报表的编制和披露符合企业会计准则和相关信息披露规则的规定，在所有重大方面公允地反映了发行人的财务状况、经营成果和现金流量，最近 3 年财务会计报告由注册会计师出具无保留意见的审计报告。 （3）发行人业务完整，具有直接面向市场独立持续经营的能力。 （4）发行人生产经营符合法律、行政法规的规定，符合国家产业政策

提示 因我国证券市场分为不同板块，对各板块企业的目标和要求不同，其首次公开发行股票的条件也存在差异。各板块除遵循《证券法》规定的基本条件外，还要符合我国 2023 年 2 月 17 日发布的《首次公开发行股票注册管理办法》规定的条件。

学习心得

4. 上市公司股票发行的条件

类别		条件
公开发行股票	组织机构健全、运行良好	（1）具备健全且运行良好的组织机构，（2）现任董事、监事和高级管理人员符合法律、行政法规规定的任职要求；（3）具有完整的业务体系和直接面向市场独立经营的能力，不存在对持续经营有重大不利影响的情形
	财务状况良好	（1）会计基础工作规范，内部控制制度健全且有效执行；（2）财务报表的编制和披露符合企业会计准则和相关信息披露规则的规定，在所有重大方面公允反映了上市公司的财务状况、经营成果和现金流量；（3）最近3年财务会计报告被出具无保留意见审计报告；（4）除金融类企业外，最近一期末不存在金额较大的财务性投资
	盈利能力稳定	交易所主板上市公司配股、增发的，应当最近3个会计年度盈利；增发还应当满足最近3个会计年度加权平均净资产收益率平均不低于6%；净利润以扣除非经常性损益前后孰低者为计算依据

续表

类别	条件
公开发行股票	不得公开发行股票的情形

类别	条件
公开发行股票	（1）擅自改变前次募集资金用途未作纠正，或者未经股东大会认可。 （2）上市公司或者其现任董事、监事和高级管理人员最近3年受到中国证监会行政处罚，或者最近1年受到证券交易所公开谴责，或者因涉嫌犯罪正在被司法机关立案侦查或者涉嫌违法违规正在被中国证监会立案调查。 （3）上市公司或者其控股股东、实际控制人最近1年存在未履行向投资者作出的公开承诺的情形。 （4）上市公司或者其控股股东、实际控制人最近3年存在贪污、贿赂、侵占财产、挪用财产或者破坏社会主义市场经济秩序的刑事犯罪，或者存在严重损害上市公司利益、投资者合法权益、社会公共利益的重大违法行为

续表

类别		条件
非公开发行股票	特定对象	（1）发行对象应当符合股东大会决议规定的条件，且每次发行对象不超过35名。 （2）发行对象为境外战略投资者的，应当遵守国家的相关规定
	发行相关规定	（1）发行价格应当不低于定价基准日前20个交易日公司股票均价的80%。 （2）向特定对象发行的股票，自发行结束之日起6个月内不得转让。发行对象如果通过认购本次发行的股票取得上市公司实际控制权，其认购的股票自发行结束之日起18个月内不得转让。 （3）向特定对象发行证券，上市公司及其控股股东、实际控制人、主要股东不得向发行对象作出保底保收益或者变相保底保收益承诺，也不得直接或者通过利益相关方向发行对象提供财务资助或者其他补偿。 （4）募集资金使用符合《上市公司证券发行注册管理办法》的相关规定。 （5）本次发行将导致上市公司控制权发生变化的，还应当符合中国证监会的其他规定

续表

类别	条件	
非公开发行股票	**不得**向特定对象发行股票的情形	（1）擅自改变前次募集资金用途未作纠正，或者未经股东大会认可。 （2）最近1年财务报表的编制和披露在重大方面不符合企业会计准则或者相关信息披露规则的规定；最近1年财务会计报告被出具否定意见或者无法表示意见的审计报告；最近1年财务会计报告被出具保留意见的审计报告，且保留意见所涉及事项对上市公司的重大不利影响尚未消除。涉及重大资产重组的除外。 （3）现任董事、监事和高级管理人员最近3年受到中国证监会行政处罚，或者最近1年受到证券交易所公开谴责。 （4）上市公司或者其现任董事、监事和高级管理人员因涉嫌犯罪正在被司法机关立案侦查或者涉嫌违法违规正在被中国证监会立案调查。 （5）控股股东、实际控制人最近3年存在严重损害上市公司利益或者投资者合法权益的重大违法行为。 （6）最近3年存在严重损害投资者合法权益或者社会公共利益的重大违法行为

5. 北交所公开发行股票的条件

项目	条件
规定发行人应当符合的条件	（1）发行人为在全国股转系统连续挂牌满 12 个月的创新层挂牌公司； （2）符合中国证监会规定的发行条件； （3）最近 1 年期末净资产不低于 5 000 万元； （4）向不特定合格投资者公开发行的股份不少于 100 万股，发行对象不少于 100 人； （5）公开发行后，公司股本总额不少于 3 000 万元； （6）公开发行后，公司股东人数不少于 200 人，公众股东持股比例不低于公司股本总额的 25%；公司股本总额超过 4 亿元的，公众股东持股比例不低于公司股本总额的 10%； （7）市值及财务指标符合《北京证券交易所股票上市规则（试行）》规定的标准； （8）交易所规定的其他上市条件
发行人申请公开发行并上市	市值及财务指标应当至少符合下列标准中的一项： （1）预计市值不低于 2 亿元，最近 2 年净利润均不低于 1 500 万元且加权平均净资产收益率平均不低于 8%，或者最近 1 年净利润不低于 2 500 万元且加权平均净资产收益率不低于 8%；

续表

项目	条件
发行人申请公开发行并上市	（2）预计市值不低于 4 亿元，最近 2 年营业收入平均不低于 1 亿元，且最近 1 年营业收入增长率不低于 30%，最近 1 年经营活动产生的现金流量净额为正； （3）预计市值不低于 8 亿元，最近 1 年营业收入不低于 2 亿元，最近 2 年研发投入合计占最近 2 年营业收入合计比例不低于 8%； （4）预计市值不低于 15 亿元，最近 2 年研发投入合计不低于 5 000 万元
发行人申请公开发行并上市不得存在的情形	（1）最近 36 个月内，发行人及其控股股东、实际控制人，存在贪污、贿赂、侵占财产、挪用财产或者破坏社会主义市场经济秩序的刑事犯罪，存在欺诈发行、重大信息披露违法或者其他涉及国家安全、公共安全、生态安全、生产安全、公众健康安全等领域的重大违法行为； （2）最近 12 个月内，发行人及其控股股东、实际控制人、董事、监事、高级管理人员受到中国证监会及其派出机构行政处罚，或因证券市场违法违规行为受到全国中小企业股份转让系统有限责任公司、证券交易所等自律监管机构公开谴责；

续表

项目	条件
发行人申请公开发行并上市不得存在的情形	（3）发行人及其控股股东、实际控制人、董事、监事、高级管理人员因涉嫌犯罪正被司法机关立案侦查或涉嫌违法违规正被中国证监会及其派出机构立案调查，尚未有明确结论意见； （4）发行人及其控股股东、实际控制人被列入失信被执行人名单且情形尚未消除； （5）最近36个月内，未按照《证券法》和中国证监会的相关规定在每个会计年度结束之日起4个月内编制并披露年度报告，或者未在每个会计年度的上半年结束之日起2个月内编制并披露中期报告； （6）中国证监会和交易所规定的，对发行人经营稳定性、直接面向市场独立持续经营的能力具有重大不利影响，或者存在发行人利益受到损害等其他情形

6. 股票的发行方式

类别	含义
认购发行	按规定价格优先认购一定数量证券的权利证书
储蓄存单发行	通过发行储蓄存单抽签决定认股者。承销商在招募期间内，根据存单的发售数量、批准的股票发行数量等敲定中签率，通过公开摇号抽签确定中签者
上网竞价发行	该方式是发行人和主承销商利用证券交易所的交易系统，由主承销商作为新股的唯一卖方，以发行人宣布的发行底价为最低价，以新股实际发行量为总的卖出数，由投资者在指定的时间内竞价委托申购，发行人和主承销商以价格优先的原则确定发行价格并发行股票
上网定价发行	新股网上定价发行是事先规定发行价格，再利用证券交易所交易系统来发行股票的发行方式，即主承销商利用交易系统，按已确定的发行价格向投资者发售股票。又称直接定价发行

续表

类别	含义
全额预缴款发行	该种方式属于储蓄存款挂钩发行方式的延伸，结合了网上定价，指投资者在不定期的申购时间内，将全部申购存入主承销商在收款银行设立的专户中，申购结束后转冻结银行专户进行冻结，在对到账资金进行验资和确定有效申购后，按照发行额和申购总额清算配售比例，进行股票配售，余款返还给投资者。包括"全额预缴款、比例配售、余款即退"和"全额预缴款、比例配售、余款转存"两种方式。与单纯的储蓄存款发行相比，全额预缴的资金占用时间短，发行效率更高
上网发行与配售	除符合一般规定外，还应当符合下列规定： （1）拟配售股份数量不超过本次配售股份前股本总额的30%。 （2）控股股东应当在股东大会召开前公开承诺认配股份的数量。 （3）采用证券法规定的代销方式发行
网下发行	利用三大交易所的交易网络，新股发行主承销商可以在证券交易所挂牌销售，投资者则通过证券营业部交易系统进行申购

7. 股票的发行程序

类别	程序
首次公开发行股票	（1）发行人董事会应当依法就本次发行股票的具体方案、本次募集资金使用的可行性及其他必须明确的事项作出决议，并提请股东大会批准。 （2）发行人股东大会就本次发行股票作出决议，至少应当包括本次公开发行股票的种类和数量、发行对象、定价方式、募集资金用途、发行前滚存利润的分配方案、决议的有效期、对董事会办理本次发行具体事宜的授权、其他必须明确的事项。 （3）发行人应当按照中国证监会有关规定制作注册申请文件，依法由保荐人保荐并向交易所申报。 （4）交易所收到注册申请文件，5个工作日内作出是否受理的决定。 （5）交易所按照规定的条件和程序，形成发行人是否符合发行条件和信息披露要求的审核意见。 （6）中国证监会在交易所收到注册申请文件之日起，同步关注发行人是否符合国家产业政策和板块定位。 （7）中国证监会收到交易所审核意见及相关资料后，基于交易所审核意见，依法履行发行注册程序。在20个工作日内对发行人的注册申请作出予以注册或者不予注册的决定。

续表

类别	程序
首次公开发行股票	（8）中国证监会的予以注册决定，自作出之日起 1 年内有效，发行人应当在注册决定有效期内发行股票，发行时点由发行人自主选择。 （9）中国证监会作出予以注册决定后、发行人股票上市交易前，发行人应当持续符合发行条件，发现可能影响本次发行的重大事项的，中国证监会可以要求发行人暂缓发行、上市；相关重大事项导致发行人不符合发行条件的，应当撤销注册。中国证监会撤销注册后，股票尚未发行的，发行人应当停止发行；股票已经发行尚未上市的，发行人应当按照发行价并加算银行同期存款利息返还股票持有人。 （10）交易所认为发行人不符合发行条件或者信息披露要求，作出终止发行上市审核决定，或者中国证监会作出不予注册决定的，自决定作出之日起 6 个月后，发行人可以再次提出公开发行股票并上市申请
上市公司发行股票	（1）上市公司董事会应当依法就本次证券发行的方案、本次发行方案的论证分析报告、本次募集资金使用的可行性报告及其他必须明确的事项作出决议，并提请股东大会批准；上市公司董事会拟引入战略投资者的，应当将引入战略投资者的事项作为单独议案，就每名战略投资者单独审议，并提交股东大会批准。董事会决议日与首次公开发行股票上市日的时间间隔不得少于 6 个月。

续表

类别	程序
上市公司 发行股票	（2）股东大会就发行证券事项作出决议，必须经出席会议的股东所持表决权的 2/3 以上通过，中小投资者表决情况应当单独计票。 （3）上市公司申请发行证券，应当按照中国证监会有关规定制作注册申请文件，依法由保荐人保荐并向交易所申报。交易所收到注册申请文件后，5 个工作日内作出是否受理的决定。 （4）交易所按照规定的条件和程序，形成上市公司是否符合发行条件和信息披露要求的审核意见，认为上市公司符合发行条件和信息披露要求的，将审核意见、上市公司注册申请文件及相关审核资料报中国证监会注册；认为上市公司不符合发行条件或者信息披露要求的，作出终止发行上市审核决定。 （5）交易所应当自受理注册申请文件之日起 2 个月内形成审核意见，另有规定的除外。 （6）中国证监会收到交易所审核意见及相关资料后，基于交易所审核意见，依法履行发行注册程序。 （7）中国证监会的予以注册决定，自作出之日起 1 年内有效，上市公司应当在注册决定有效期内发行证券，发行时点由上市公司自主选择。 （8）交易所认为上市公司不符合发行条件或者信息披露要求，作出终止发行上市审核决定，或者中国证监会作出不予注册决定的，自决定作出之日起 6 个月后，上市公司可以再次提出证券发行申请

8. 引入战略投资者

概念	按中国证监会解释，战略投资者是指与发行人具有合作关系或合作意向和潜力，与发行公司业务联系紧密且欲长期持有发行公司股票的法人
对战略投资者的要求	(1) 要与公司经营业务联系紧密； (2) 要出于长期投资目的而较长时期地持有股票； (3) 要具有相当的资金实力，且持股数量较多
作用	(1) 提升公司形象，提高资本市场认同度； (2) 优化股权结构，健全公司法人治理； (3) 提高公司资源整合能力，增强公司的核心竞争力； (4) 达到阶段性的融资目标，加快实现公司上市融资的进程

9. 股票的上市

项目	内容
目的	（1）便于筹措新资金。 （2）促进股权流通和转让。股票上市后便于投资者购买，提高了股权的流动性和股票的变现力，便于投资者认购和交易。 （3）便于确定公司价值
缺点	上市成本较高，手续复杂严格；公司将负担较高的信息披露成本；信息公开的要求可能会暴露公司的商业机密；股价有时会歪曲公司的实际情况，影响公司声誉；可能会分散公司的控制权，造成管理上的困难
条件	发行人 IPO 后申请其股票在上海证券交易所上市 —— （1）符合《证券法》、中国证监会规定的发行条件。 （2）发行后的股本总额不低于 5 000 万元。 （3）公开发行的股份达到公司股份总数的 25% 以上；公司股本总额超过 4 亿元的，公开发行股份的比例为 10% 以上。

续表

项目		内容
条件	发行人 IPO 后申请其股票在上海证券交易所上市	（4）市值及财务指标应当至少符合下列标准中的一项：最近 3 年净利润均为正，且最近 3 年净利润累计不低于 2 亿元，最近 1 年净利润不低于 1 亿元，最近 3 年经营活动产生的现金流量净额累计不低于 2 亿元或营业收入累计不低于 15 亿元；预计市值不低于 50 亿元，且最近 1 年净利润为正，最近 1 年营业收入不低于 6 亿元，最近 3 年经营活动产生的现金流量净额累计不低于 2.5 亿元；预计市值不低于 100 亿元，且最近 1 年净利润为正，最近 1 年营业收入不低于 10 亿元。 （5）上海证券交易所要求的其他条件
	发行人 IPO 后申请在上海证券交易所科创板上市	（1）符合中国证监会规定的发行条件。 （2）发行后股本总额不低于人民币 3 000 万元。 （3）公开发行的股份达到公司股份总数的 25% 以上；公司股本总额超过人民币 4 亿元的，公开发行股份的比例为 10% 以上。

续表

项目	内容	
条件	发行人 IPO 后申请在上海证券交易所科创板上市	(4) 市值及财务指标应当至少符合以下标准中的一项：预计市值不低于人民币 10 亿元，最近 2 年净利润均为正且累计净利润不低于人民币 5 000 万元，或者预计市值不低于人民币 10 亿元，最近 1 年净利润为正且营业收入不低于人民币 1 亿元；预计市值不低于人民币 15 亿元，最近 1 年营业收入不低于人民币 2 亿元，且最近 3 年累计研发投入占最近 3 年累计营业收入的比例不低于 15%；预计市值不低于人民币 20 亿元，最近 1 年营业收入不低于人民币 3 亿元，且最近 3 年经营活动产生的现金流量净额累计不低于人民币 1 亿元；预计市值不低于人民币 30 亿元，且最近 1 年营业收入不低于人民币 3 亿元；预计市值不低于人民币 40 亿元，主要业务或产品需经国家有关部门批准，市场空间大，目前已取得阶段性成果。医药行业企业需至少有一项核心产品获准开展二期临床试验，其他符合科创板定位的企业需具备明显的技术优势并满足相应条件。 (5) 上海证券交易所规定的其他上市条件

续表

项目	内容
条件	发行人 IPO 后申请其股票在深圳证券交易所上市	（1）符合《证券法》、中国证监会规定的发行条件。 （2）发行后股本总额不低于 5 000 万元。 （3）公开发行的股份达到公司股份总数的 25% 以上；公司股本总额超过 4 亿元的，公开发行股份的比例为 10% 以上。 （4）市值以及财务指标应当至少符合下列标准中的一项：最近 3 年净利润均为正，且最近 3 年净利润累计不低于 2 亿元，最近 1 年净利润不低于 1 亿元，最近 3 年经营活动产生的现金流量净额累计不低于 2 亿元或者营业收入累计不低于 15 亿元；预计市值不低于 50 亿元，且最近 1 年净利润为正，最近 1 年营业收入不低于 6 亿元，最近 3 年经营活动产生的现金流量净额累计不低于 2.5 亿元；预计市值不低于 100 亿元，且最近 1 年净利润为正，最近 1 年营业收入不低于 10 亿元。 （5）深圳证券交易所要求的其他条件

续表

项目	内容
条件	发行人 IPO 申请在深圳证券交易所创业板上市	（1）符合中国证监会规定的创业板发行条件。 （2）发行后股本总额不低于 3 000 万元。 （3）公开发行的股份达到公司股份总数的 25% 以上；公司股本总额超过 4 亿元的，公开发行股份的比例为 10% 以上。 （4）市值及财务指标符合《深圳证券交易所创业板股票上市规则（2024 年 4 月修订）》规定的标准。 （5）深圳证券交易所要求的其他上市条件

10. 股票的退市

项目	内容
分类	退市包括强制退市和主动退市。强制退市包括四个方面：交易类强制退市、财务类强制退市、规范类强制退市和重大违法类强制退市
财务类强制退市条件	净利润加营业收入的组合指标、净资产和审计意见类型等
退市风险警示情形	（1）最近1个会计年度经审计的利润总额、净利润或者扣除非经常性损益后的净利润孰低者为负值且营业收入低于3亿元，或追溯重述后最近1个会计年度利润总额、净利润或者扣除非经常性损益后的净利润孰低者为负值且营业收入低于3亿元。 （2）最近1个会计年度经审计的期末净资产为负值，或追溯重述后最近1个会计年度期末净资产为负值。 （3）最近1个会计年度的财务会计报告被出具无法表示意见或否定意见的审计报告。 （4）中国证监会行政处罚决定书表明公司已披露的最近1个会计年度经审计的年度报告存在虚假记载、误导性陈述或者重大遗漏，导致该年度相关财务指标实际已触及第（1）项、第（2）项情形的。 （5）认定的其他情形

提示　上市公司最近连续 2 个会计年度经审计的财务会计报告相关财务指标触及规定的财务类强制退市情形的，证券交易所决定终止其股票上市。

学习心得

【要点10】留存收益（掌握）

项目	内容
性质	留存收益属于所有者权益
筹资途径	（1）提取盈余公积； （2）未分配利润
筹资特点	（1）无筹资费用； （2）维持公司控制权分布； （3）筹资数额有限

提示 《公司法》规定，企业每年的税后利润，必须提取10%的法定公积金。公司法定公积金累计额为公司注册资本50%以上的，可以不再提取。

【要点 11】筹资方式的优劣比较（熟悉）

1. 债务筹资与股权筹资的优劣比较

筹资方式	优点	缺点
债务筹资	（1）筹资速度较快； （2）筹资弹性大； （3）资本成本较低； （4）可以利用财务杠杆； （5）稳定公司的控制权	（1）不能形成企业稳定的资本基础； （2）财务风险较大； （3）筹资数额有限
股权筹资	（1）是企业稳定的资本基础； （2）是企业良好的信誉基础； （3）财务风险小	（1）资本成本较高； （2）控制权变更可能影响企业长期稳定发展； （3）信息沟通与披露成本较大

2. 各种具体筹资方式的优劣

筹资方式		优点	缺点
债务筹资	银行借款	（1）筹资速度快； （2）资本成本较低； （3）筹资弹性较大	（1）限制条款多； （2）筹资数额有限
	债券筹资	（1）一次筹资数额大； （2）筹资使用限制少； （3）提高公司社会声誉	资本成本较高
	租赁	（1）无大量资金就能迅速获得资产； （2）财务风险小，财务优势明显； （3）筹资的限制条件较少； （4）能延长资金融通的期限	资本成本高

续表

筹资方式		优点	缺点
股权筹资	吸收直接投资	（1）能够尽快形成生产能力； （2）容易进行信息沟通； （3）手续相对比较简单，筹资费用较低	（1）资本成本较高； （2）公司控制权集中，不利于公司治理； （3）不便于进行产权交易
	发行普通股	（1）两权分离，有利于公司自主经营管理； （2）能增强公司的声誉，促进股权流通和转让	（1）筹资费用较高，手续复杂； （2）资本成本较高； （3）不易尽快形成生产能力
	留存收益	（1）与普通股筹资相比无筹资费用，资本成本较低； （2）维持公司控制权分布	筹资数额有限

【要点 12】可转换债券（了解）

1. 可转换债券的种类及特点

种类	特点
不可分离的可转换债券	其股权与债券不可分离，持有者直接按照债券面额和约定的转换价格，在约定的期限内自愿将其转换成股票
可分离交易的可转换债券	这类债券在发行时附有认股权证，是认股权证和公司债券的组合。发行上市后各自独立流通、交易。认股权证的持有者在认购股票时，要按照认购价出资认购股票

2. 可转换债券的基本性质

项目	内容
证券期权性	可转换债券持有人具有在未来按一定的价格购买股票的权利，因此可转换债券实质上是一种未来的买入期权
资本转换性	可转换债券在正常持有期，属于债权性质；转换成股票后，属于股权性质
可赎回与回售性	可转换债券一般都附有赎回条款和回售条款

学习心得

......

......

......

......

3. 可转换债券的基本要素

项目	内容
标的股票	一般是发行公司自己的普通股票
票面利率	一般会低于普通债券的票面利率，有时甚至还低于同期银行存款利率
转换价格	是指可转换债券在转换期间内据以转换为普通股的折算价格，即将可转换债券转换为普通股的每股普通股的价格
转换比率	是指每一份可转换债券在既定的转换价格下能转换为普通股股票的数量。 转换比率＝债券面值/转换价格
转换期	转换期间的设定通常有四种情形：债券发行日至到期日；发行日至到期前；发行后某日至到期日；发行后某日至到期前
赎回条款	指发债公司按事先约定的价格买回未转股债券的条件规定，赎回一般发生在公司股票价格在一段时期内连续高于转股价格达到某一幅度时。设置赎回条款最主要的功能是强制债券持有者积极行使转股权，因此又被称为加速条款。另外，也可以避免市场利率下降后继续向债券持有人支付较高的利息所蒙受的损失

续表

项目	内容
回售条款	指债券持有人有权按照事前约定的价格将债券卖回给发债公司的条件规定。回售一般发生在公司股票价格在一段时期内连续低于转股价格达到某一幅度时。回售对于投资者而言实际上是一种卖权，有利于降低投资者的持券风险
强制性转换条款	指在某些条件具备之后，债券持有人必须将可转换债券转换为股票，无权要求偿还债权本金的条件规定

提示 （1）根据规定，向不特定对象发行可转债的转股价格应当不低于募集说明书公告日前20个交易日上市公司股票交易均价和前1个交易日均价。向特定对象发行可转债的转股价格应当不低于认购邀请书发出前20个交易日上市公司股票交易均价和前1个交易日的均价，且不得向下修正。

（2）根据规定，可转换债券自发行结束之日起6个月后方可转换为公司股票，转股期限由公司根据可转换债券的存续期限及公司财务状况确定。

4. 可转换债券的发行条件

情形	条件
上市公司发行可转换债券	（1）具备健全且运行良好的组织机构； （2）最近 3 年平均可分配利润足以支付公司债券 1 年的利息； （3）具有合理的资产负债结构和正常的现金流量； （4）交易所主板上市公司向不特定对象发行可转债的，应当最近 3 个会计年度盈利，且最近 3 个会计年度加权平均净资产收益率平均不低于 6%；净利润以扣除非经常性损益前后孰低者为计算依据
不得发行可转债的情形	（1）对已公开发行的公司债券或者其他债务有违约或者延迟支付本息的事实，仍处于继续状态； （2）违反《证券法》规定，改变公开发行公司债券所募资金用途

5. 可转换债券筹资的特点

项目	内容
优点	（1）筹资灵活性；（2）资本成本较低；（3）筹资效率高
缺点	（1）存在不转换的财务压力；（2）存在回售的财务压力

学习心得

第五章 筹资管理（下）

☞ 掌握资金需要量预测的因素分析法、销售百分比法、资金习性预测法
☞ 掌握个别资本成本、平均资本成本、边际资本成本的计算
☞ 掌握金融工具价值评估方法
☞ 掌握经营杠杆、财务杠杆和总杠杆的原理及其杠杆系数的测算方法
☞ 掌握资本结构优化的分析方法
☞ 熟悉资本成本的含义与作用
☞ 熟悉影响资本成本的因素
☞ 熟悉项目资本成本的计算
☞ 熟悉资本结构理论
☞ 熟悉影响资本结构的因素

【要点1】资金需要量预测的因素分析法（掌握）

项目	内容
含义	是以有关项目基期年度的平均资金需要量为基础，根据预测年度的生产经营任务和资金周转加速的要求，进行分析调整，来预测资金需要量的一种方法
优缺点	优点是计算简便，容易掌握；缺点是预测结果不太精确
适用	通常用于品种繁多、规格复杂、资金用量较小的项目
计算公式	资金需要量 =（基期资金平均占用额 − 不合理资金占用额）×（1 + 预测期销售增长率）÷（1 + 预测期资金周转速度增长率）

【要点2】资金需要量预测的销售百分比法（掌握）

项目	内容
含义	是根据销售增长与资产增长之间的关系，预测未来外部资金需要量的方法
前提条件	某些资产和负债与销售收入之间存在稳定的百分比关系
优缺点	优点是能为筹资管理提供短期预计的财务报表，以适应外部筹资的需要，且易于使用；缺点是在有关因素发生变动的情况下，必须相应地调整原有的销售百分比
计算公式	外部融资需求量 $= A/S_1 \times \Delta S - B/S_1 \times \Delta S - P \times E \times S_2$

销售百分比法基本步骤

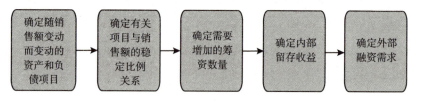

提示　经营性资产项目包括库存现金、应收账款、存货等项目；而经营负债项目包括应付票据、应付账款等项目，不包括短期借款、短期融资券、长期负债等筹资性负债。

【要点3】资金需要量预测的资金习性预测法（掌握）

1. 概述

项目	内容
含义	资金习性预测法是指根据资金习性预测未来资金需要量的一种方法。所谓资金习性，是指资金的变动同产销量变动之间的依存关系
资金的分类	

	不变资金	指在一定的产销量范围内，不受产销量变动的影响而保持固定不变的那部分资金
资金的分类	变动资金	指随产销量的变动而同比例变动的那部分资金
	半变动资金	指虽然受产销量变化的影响，但不呈同比例变动的资金。半变动资金可采用一定的方法划分为不变资金和变动资金两部分

续表

项目		内容
资金预测方法	根据资金占用总额与产销量的关系预测	根据历史上企业资金占用总额与产销量之间的关系，把资金分为不变资金和变动资金两部分，然后结合预计的销售量来预测资金需要量
	逐项分析法	根据各资金占用项目（如现金、存货、应收账款、固定资产等）和资金来源项目同产销量之间的关系，把各项目的资金都分成变动和不变两部分，然后汇总在一起，求出企业变动资金总额和不变资金总额，进而预测资金需求量

2. 资金预测公式及参数估计方法

设产销量为自变量 X，资金占用为因变量 Y，则有：

$$Y = a + bX$$

式中：a 为不变资金；b 为单位产销量所需变动资金。

项目	内容
线性回归法	$a = \dfrac{\sum x^2 \sum y - \sum x \sum xy}{n \sum x^2 - (\sum x)^2}$ $\qquad$ $b = \dfrac{n \sum xy - \sum x \sum y}{n \sum x^2 - (\sum x)^2}$
高低点法	$b =$（最高收入期资金占用量 – 最低收入期资金占用量）/（最高销售收入 – 最低销售收入） $a =$ 最高收入期资金占用量 $- b \times$ 最高销售收入 或 $=$ 最低收入期资金占用量 $+ b \times$ 最低销售收入

提示　运用资金习性预测法必须注意以下问题：

（1）资金需要量与营业业务量之间线性关系的假定应符合实际情况；

（2）确定 a、b 数值，应利用连续若干年的历史资料，一般要有 3 年以上的资料；

（3）应考虑价格等因素的变动情况。

学习心得 --

【要点4】资本成本概述（熟悉）

项目	内容
含义	是指企业为筹集和使用（或占用）资本而付出的代价，包括筹资费用和用资费用
作用	（1）是比较筹资方式、选择筹资方案的依据； （2）平均资本成本是衡量资本结构是否合理的依据； （3）是评价投资项目可行性的主要标准； （4）是评价企业整体业绩的重要依据
影响因素	（1）总体经济环境（越好越低）； （2）资本市场条件（越好越低）； （3）企业经营和融资状况（越好越低）； （4）企业对筹资规模和时限的需求（越大越长，则越高）

提示 （1）在评价各种筹资方式时，一般会考虑的因素包括对企业控制权的影

响、对投资者吸引力的大小、融资的难易和风险、资本成本的高低等，而资本成本是其中的重要因素。在其他条件相同时，企业筹资应选择资本成本最低的方式。

（2）计算企业价值时，经常采用企业的平均资本成本作为贴现率，当平均资本成本最小时，企业价值最大，此时的资本结构是企业理想的资本结构。

（3）资本成本率是企业用以确定项目要求达到的投资收益率的最低标准。

（4）企业的总资产税后收益率应高于其平均资本成本率，这样才能带来剩余收益。

【要点5】个别资本成本（掌握）

1. 资本成本计算的基本模式

项目	内容
一般模式	资本成本率 = 年资金用资费用/（筹资总额 – 筹资费用） = 年资金用资费用/［筹资总额 ×（1 – 筹资费用率）］
贴现模式	对于金额大、时间超过1年的长期资本，更为准确的资本成本计算方式是采用贴现模式。 由：筹资净额现值 – 未来资本清偿额现金流量现值 = 0； 得：资本成本率 = 所采用的折现率

2. 筹资费用和用资费用

项目	筹资费用	用资费用
含义	企业在资本筹措过程中为获取资本而付出的代价	企业在资本使用过程中因占用资本而付出的代价
举例	向银行支付的借款手续费，因发行股票、公司债券而支付的发行费	向银行等债权人支付的利息，向股东支付的股利占用费用
特点	通常在资本筹集时一次性发生，在资本使用过程中不再发生，因此，视为筹资数额的一项扣除	用资费用是因为占用了他人资金而必须支付的费用，是资本成本的主要内容

3. 各种筹资模式的资本成本率

项目		内容
银行借款		K_b = 借款总额 × 借款年利率 × (1 − 所得税税率)/借款总额 × (1 − 筹资费率) = 借款年利率 × (1 − 所得税税率)/(1 − 筹资费率)
公司债券		K_b = 面值总额 × 票面年利率 × (1 − 所得税税率)/筹资总额 × (1 − 筹资费率)
优先股		K_s = 年固定股息/发行价格 × (1 − 筹资费用率)
普通股	股利增长模型法	假定资本市场有效，股票市场价格与价值相等。假定某股票本期支付的股利为 D_0，未来各期股利按 g 速度增长。目前股票市场价格为 P_0，则普通股资本成本率为： $K_s = D_0(1+g)/[P_0(1-f)] + g = D_1/[P_0(1-f)] + g$
	资本资产定价模型法	假定资本市场有效，股票市场价格与价值相等。假定无风险收益率为 R_f，市场平均收益率为 R_m，某股票贝塔系数为 β，则普通股资本成本率为： $K_s = R_s = R_f + \beta(R_m - R_f)$
留存收益		计算与普通股资本成本相同，也分为股利增长模型法和资本资产定价模型法，不同点在于不考虑筹资费用

【要点6】 平均资本成本（掌握）

项目		内容
含义及公式		平均资本成本指分别以各种资本成本为基础，以各种资本占全部资本的比重为权重计算出来的综合资本成本。 平均资本成本 = $\sum$（某种资本的成本×该资本占总资本的比重）
权数的选取	账面价值权数	优点：资料容易取得，且计算结果比较稳定。 缺点：不能反映目前从资本市场上筹集资本的现时机会成本，不适合评价现时的资本结构
	市场价值权数	优点：能够反映现时的资本成本水平，有利于进行资本结构决策。 缺点：现行市价处于经常变动之中，不容易取得；而且现行市价反映的只是现时的资本结构，不适用未来的筹资决策
	目标价值权数	优点：能体现期望的资本结构，据此计算的加权平均资本成本更适用于企业筹措新资金。 缺点：很难客观合理地确定目标价值

提示 　　（1）在衡量和评价企业筹资总体的经济性时，需要计算企业的平均资本成本。平均资本成本用于衡量企业资本成本水平，确立企业理想的资本结构。

　　（2）以目标价值为基础计算资本权重，能体现决策的相关性。目标价值权数的确定，可以选择未来的市场价值，也可以选择未来的账面价值。选择未来的市场价值，与资本市场现状联系比较紧密，能够与现时的资本市场环境状况结合起来，目标价值权数的确定一般以现时市场价值为依据。但市场价值波动频繁，可行方案是选用市场价值的历史平均值。

　　（3）边际资本成本是企业追加筹资的成本。计算边际资本成本的权数采用目标价值权数。

【要点7】项目资本成本（熟悉）

项目	内容	
类别	使用企业当前综合资本成本作为投资项目资本成本	运用可比公司法估计投资项目资本成本
条件	项目的风险与企业当前资产的平均风险相同；公司继续采用相同的资本结构为项目筹资	估计投资项目的风险与企业当前资产的平均风险显著不同，不能使用企业当前综合资本成本作为投资项目资本成本时
步骤	—	（1）卸载可比公司财务杠杆。 $\beta_{资产} = \beta_{权益} \div [1 + (1 - T) \times (负债/权益)]$ （2）加载待估计的投资项目财务杠杆。 $\beta_{权益} = \beta_{资产} \times [1 + (1 - T) \times (负债/权益)]$ （3）根据得出的投资项目 $\beta_{权益}$ 计算股东权益成本。 投资项目股东权益成本采用资本资产定价模型计算。 （4）计算投资项目的资本成本。 综合资本成本 = 负债利率 × (1 - 税率) × 负债/资本 + 股东权益成本 × 股东权益/资本

【要点8】金融工具的估值（掌握）

类别		内容
债券的估值	典型债券的估值方法	$V = I/(1+i)^1 + I/(1+i)^2 + \cdots + I/(1+i)^n + M/(1+i)^n$ 式中：V 为债券价值；I 为每年的利息；M 为面值；i 为贴现率，一般采用当时的市场利率或投资人要求的最低（必要）报酬率；n 为债券到期期限
	纯贴现债券的估值方法	$V = M/(1+i)^n$ 式中：V 为债券价值；M 为面值；i 为贴现率；n 为债券到期期限
	永续债券的估值方法	$V = I/i$

续表

类别	内容	
普通股的估值	基本模型	股东永远持有股票（只获得股利）	$V = D_1/(1+R)^1 + D_2/(1+R)^2 + \cdots + D_n/(1+R)^n = \sum_{t=1}^{n} D_t/(1+R)^t$ 式中：V 为股票的价值；D_t 为第 t 年的股利；R 为贴现率，一般采用该股票的资本成本率或投资该股票的必要报酬率；t 为年份
		短期持有、准备出售（预期的股利和出售价款）	$V = \sum_{t=1}^{n} D_t/(1+R)^t + V_n/(1+R)^n$ 式中：V_n 为未来准备出售时预计的股票价格
	零成长股票的估值		$V = D/R$ 式中：V 为股票的价值；D 为每年的股利

续表

类别	内容	
普通股的估值	固定成长股票的估值	$V = \sum_{t=1}^{n} D_0 \times (1+g)^t / (1+R)^t$ 上式可简化为： $V = D_0 \times (1+g)/(R-g) = D_1/(R-g)$ 式中：D_0 为今年的股利；D_1 为下一年的股利；g 为股利每年的增长率
优先股的估值	$V = D_p/R$ 式中：V 为优先股的价值；D_p 为每年的股息；R 为一般采用该股票的资本成本率或投资该股票的必要报酬率	

提示

（1）债券的基本要素主要包括：

①债券面值。债券面值是指债券的票面价值，是发行人对债券持有人在债

券到期后应偿还的本金数额，也是发行人向债券持有人按期支付利息的计算依据。发行价格大于面值称为溢价发行，小于面值称为折价发行，等价发行称为平价发行。

②期限。期限是指债券发行日至到期日之间的时间间隔。

③票面利率。票面利率是指债券利息与债券面值的比率，是发行人承诺以后一定时期支付给债券持有人报酬的计算标准。

（2）当优先股存续期内采用固定股利率时，每期股息就形成了无限期的年金，即永续年金。

🌼 学习心得 ┈┈┈┈┈┈┈┈┈┈┈┈┈┈┈┈┈┈┈┈┈┈┈┈┈┈┈┈┈┈┈┈┈┈┈

┈┈┈

┈┈┈

┈┈┈

┈┈┈

【要点9】经营杠杆效应（掌握）

项目	内容
经营杠杆	是指由于固定性经营成本的存在，使得企业的资产收益（息税前利润）变动率大于业务量变动率的现象
经营杠杆系数（DOL）	是息税前利润变动率与产销业务量变动率的比值，即： $DOL = \dfrac{\Delta EBIT}{EBIT_0} \Big/ \dfrac{\Delta Q}{Q_0} = \dfrac{\text{息税前利润变动率}}{\text{产销业务量变动率}}$ 其中： $EBIT = S - V - F = (P - V_c)Q - F = M - F$ 式中：$EBIT$表示息税前利润；S表示销售额；V表示变动性经营成本；F表示固定性经营成本；Q表示产销业务量；P表示销售单价；V_c表示单位变动成本；M表示边际贡献。 $DOL = \dfrac{M_0}{M_0 - F_0} = \dfrac{EBIT_0 + F_0}{EBIT_0} = \dfrac{\text{基期边际贡献}}{\text{基期息税前利润}}$ $DOL = \dfrac{EBIT_0 + F_0}{EBIT_0} = 1 + \dfrac{\text{基期固定成本}}{\text{基期息税前利润}}$

续表

项目	内容
经营杠杆与经营风险	（1）在企业不发生经营性亏损、息税前利润为正的前提下，经营杠杆系数最低为1，不会为负数；只要有固定性经营成本存在，经营杠杆系数总是大于1。 （2）如果不存在固定性经营成本时，所有成本都是变动性经营成本，边际贡献等于息税前利润，此时息税前利润变动率与产销业务量的变动率完全一致。也就是说，此时没有经营杠杆效应，但并不说明不存在经营风险。 （3）引起企业经营风险的主要原因是市场需求和生产成本等因素的不确定性，经营杠杆本身并不是资产收益不确定的根源。经营杠杆只是放大了市场和生产等因素变化对利润波动的影响。经营杠杆系数越高，表明资产收益等利润波动程度越大，经营风险也就越大。 （4）在其他因素不变的情况下，若单价上升、产销业务量上升，经营杠杆系数变小，经营风险变小；若单位变动成本上升、固定成本上升，经营杠杆系数变大，经营风险变大

提示

影响经营杠杆的因素包括：企业成本结构中的固定成本比重；息税前利润

水平。其中，息税前利润水平又受产品销售数量、销售价格、成本水平（单位变动成本和固定成本总额）高低的影响。固定成本比重越高、成本水平越高、产品销售数量和销售价格水平越低，经营杠杆效应越大，反之则相反。

✿ 学习心得 --

【要点 10】财务杠杆效应（掌握）

项目	内容
财务杠杆	是指由于<u>固定性资本成本</u>的存在，使得企业的普通股收益（或每股收益）变动率大于息税前利润变动率的现象
财务杠杆系数（DFL）	是普通股收益变动率与息税前利润变动率的比值，即： $$DFL = \frac{普通股收益变动率}{息税前利润变动率} = \frac{EPS\ 变动率}{EBIT\ 变动率}$$
计算	$TE = (EBIT - I)(1 - T) - D$ $EPS = [(EBIT - I)(1 - T) - D]/N$ 式中：TE 为普通股盈余；EPS 为每股盈余；I 为债务资本利息；T 为所得税税率；N 为普通股股数。 特殊情况： （1）在不存在优先股股息的情况下，财务杠杆系数的计算也可以简化为： $$DFL = \frac{基期息税前利润}{基期利润总额} = \frac{EBIT_0}{EBIT_0 - I_0};$$

续表

项目	内容
计算	（2）在存在优先股股息的情况下，财务杠杆系数的计算可进一步调整为： $$DFL = \frac{EBIT_0}{EBIT_0 - I_0 - \frac{D_p}{1-T}}$$
财务杠杆与财务风险	（1）若企业没有固定性资本成本的存在，DFL 为 1，此时企业只面临经营风险，不面临财务风险。 （2）在全部资金的收益率超过负债资金的利息率时，加大负债的比重，会使 DFL 变大，财务风险变大，但期望的 EPS 也将变大。 （3）在全部资金的收益率低于负债资金的利息率时，加大负债的比重，会使 DFL 变大，财务风险变大，但期望的 EPS 将变小。 （4）在其他条件不变的情况下，如果提高负债的利息率，会使 DFL 变大，财务风险变大，但期望的 EPS 将变小

提示　影响财务杠杆的因素包括：企业资本结构中债务资金比重；普通股收益水平；所得税税率水平。其中，普通股收益水平又受息税前利润、固定性资本成本高低的影响。债务成本比重越高、固定的资本成本支付额越高、息税前利润水平越低，财务杠杆效应越大，反之则相反。

学习心得

【要点11】总杠杆效应（掌握）

项目	内容
总杠杆	是指由于固定性经营成本和固定性资本成本的存在，导致普通股每股收益变动率大于产销业务量的变动率的现象
总杠杆系数 (DTL)	总杠杆系数是经营杠杆系数和财务杠杆系数的乘积，是普通股收益变动率与产销量变动率的倍数，计算公式为： DTL=普通股收益变动率/产销量变动率 在不存在优先股股息的情况下，上式经整理，总杠杆系数的计算也可以简化为： $DTL = DOL \times DFL$ 　　 = 基期边际贡献/基期利润总额 = 基期税后边际贡献/基期税后利润
总杠杆与公司风险	（1）总杠杆效应的意义。 ①能够说明产销业务量变动对普通股收益的影响，据以预测未来的每股收益水平； ②揭示了财务管理的风险管理策略，即要保持一定的风险状况水平，需要维持一定的总杠杆系数，经营杠杆和财务杠杆可以有不同的组合。

续表

项目	内容
总杠杆与公司风险	（2）固定资产比重较大的资本密集型企业，经营杠杆系数高，经营风险大，企业筹资主要依靠权益资本，以保持较小的总杠杆系数和财务风险；变动成本比重较大的劳动密集型企业，经营杠杆系数低，经营风险小，企业筹资主要依靠债务资金，保持较大的总杠杆系数和财务风险。 （3）一般来说，在企业初创阶段，产品市场占有率低，产销业务量小，经营杠杆系数大，此时企业筹资主要依靠权益资本，在较低程度上使用财务杠杆；在企业扩张成熟期，产品市场占有率高，产销业务量大，经营杠杆系数小，此时，企业资本结构中可提高债务资本比重，在较高程度上使用财务杠杆

学习心得

【要点 12】资本结构的含义及理论（熟悉）

项目		内容
广义		指全部债务与股东权益的构成比例
狭义		指长期负债与股东权益的构成比例（本书所指）
最优资本结构评价标准		能够提高股权收益或降低资本成本，又能控制财务风险，最终目的是提升企业价值
资本结构理论	MM 理论	最初的 MM 理论假设： （1）企业只有长期债券和普通股票，债券和股票均在完善的资本市场上交易，不存在交易成本； （2）个人投资者与机构投资者的借款利率与公司的借款利率相同且无借债风险； （3）具有相同经营风险的公司称为风险同类，经营风险可以用息税前利润的方差衡量； （4）每一个投资者对公司未来的收益、风险的预期都相同； （5）所有的现金流量都是永续的，债券也是。

续表

项目		内容
资本结构理论	MM 理论	两种情况: 不考虑企业所得税:有无负债不改变企业的价值,企业价值不受资本结构的影响。而且,有负债企业的股权成本随着负债程度的增大而增大。 考虑所得税(修正的 MM 理论):企业可利用财务杠杆增加企业价值,因负债利息带来避税利益,企业价值会随着资产负债率的增加而增加
	权衡理论	观点:有负债企业的价值等于无负债企业价值加上税负节约现值,再减去财务困境成本的现值
	代理理论	观点:债权筹资有很强的激励作用,并将债务视为一种担保机制。均衡的企业所有权结构是由股权代理成本和债权代理成本之间的平衡关系来决定的
	优序融资理论	观点:以非对称信息条件以及交易成本的存在为前提,认为企业外部融资要多支付各种成本,使得投资者从企业资本结构的选择来判断企业市场价值。当需要进行外部融资时,债务筹资优于股权筹资。从成熟的证券市场来看,企业的筹资优序模式首先是内部筹资,其次是借款、发行债券、可转换债券,最后是发行新股筹资

提示 债务代理理论中，债务代理成本——债务筹资有很强的激励作用，并将债务视为一种担保机制。这种机制能够促使经理多努力工作，少个人享受，并且作出更好的投资决策，从而降低由于两权分离而产生的代理成本；股权代理成本——债务筹资可能导致另一种代理成本，即企业接受债权人监督而产生的成本。

学习心得

【要点 13】 影响资本结构的因素（熟悉）

项目	内容
企业经营状况的稳定性和成长率	（1）如果产销业务稳定，企业可较多地负担固定的财务费用，反之则相反； （2）如果产销业务量能够以较高的水平增长，企业可以采用高负债的资本结构，以提升权益资本的报酬，反之则相反； （3）如果产销业务量和盈余有周期性，则要负担固定的财务费用将承担较大的财务风险
企业财务状况和信用等级	企业财务状况良好，企业容易获得债务资本，反之则相反
企业资产结构	（1）拥有大量固定资产的企业主要通过发行股票融通资金； （2）拥有较多流动资产的企业更多地依赖流动负债融通资金； （3）资产适用于抵押贷款的企业负债较多； （4）以技术研发为主的企业则负债较少

续表

项目	内容
企业投资人和管理当局的态度	（1）如果所有者害怕风险，可采用股权筹资；如果害怕分散控制权，可采用债务筹资。 （2）经营者对未来乐观，敢于冒险，则会多负债，反之则相反
行业特征和企业发展周期	（1）产品市场稳定的成熟行业经营风险低，可多负债；高新技术企业经营风险高，可尽量少负债。 （2）企业初创阶段经营风险高，可控制负债比例；企业发展成熟阶段经营风险低，可适度增加债务比重；企业收缩阶段，产品市场占有率下降，经营风险逐步加大，应降低债务资本比重，保证经营现金流量能够偿付到期债务
经济环境的税务政策和货币政策	（1）当所得税税率较高时，债务资本的抵税作用大，企业充分利用这种作用以提高企业价值。 （2）当国家执行了紧缩的货币政策时，市场利率较高，企业债务资本成本增大

【要点 14】 资本结构优化 （掌握）

1. 每股收益分析法

项目	内容
方法原理	该种方法是利用每股收益的无差别点进行的。所谓每股收益无差别点，是指每股收益不受融资方式影响的息税前利润水平或业务量水平。根据每股收益无差别点，可以分析判断在什么样的息税前利润水平下适用于采用何种资本结构
计算公式	$[(\overline{EBIT} - I_1)(1 - T) - DP_1]/N_1 = [(\overline{EBIT} - I_2)(1 - T) - DP_2]/N_2$
缺点	该种方法只考虑了资本结构对每股收益的影响，并假定每股收益越大股票价格也越高，把资本结构对风险的影响置于视野之外，是不全面的

2. 平均资本成本比较法

项目	内容
方法原理	该种方法是通过计算和比较各种可能的筹资组合方案的平均资本成本，选择平均资本成本率最低方案的方法。即能够降低平均资本成本的资本结构，就是合理的资本结构
特点	这种方法侧重于从资本投入的角度对筹资方案和资本结构进行优化分析

提示 　上述两种方法都是从账面价值的角度进行资本结构优化分析，没有考虑市场反应和风险因素。

3. 公司价值分析法

项目	内容
方法原理	该种方法是在考虑市场风险的基础上，以公司市场价值为标准，进行资本结构优化。即能够提升公司价值的资本结构，就是合理的资本结构
计算公式	设：V 表示公司价值，B 表示债务资本价值，S 表示权益资本价值。公司价值应该等于资本的市场价值，即： $$V = S + B$$ 为简化分析，假设公司各期的 $EBIT$ 保持不变，债务资本的市场价值等于其面值，权益资本的市场价值可通过下式计算： $$S = (EBIT - I) \times (1 - T)/K_s$$ 且：$K_s = R_s = R_f + \beta(R_m - R_f)$ 此时：$K_w = K_b \dfrac{B}{V} + K_s \dfrac{S}{V}$
特点	这种方法主要用于对现有资本结构进行调整，适用于资本规模较大的上市公司资本结构优化分析。同时，在公司价值最大的资本结构下，公司的平均资本成本率也是最低的

第六章　投资管理

☞ 掌握投资项目的现金流量的测算

☞ 掌握项目财务评价指标

☞ 掌握项目财务决策方法

☞ 掌握债券与股票的估值方法

☞ 熟悉企业投资管理的原则

☞ 熟悉证券投资的目的和风险

☞ 熟悉证券投资基金的特点和分类

【要点1】企业投资的分类（熟悉）

项目	内容
按投资活动与企业本身生产经营活动的关系分	直接投资、间接投资
按投资对象的存在形态和性质分	项目投资、证券投资
按投资活动对企业未来生产经营前景的影响分	发展性投资、维持性投资
按投资活动资金的投出方向分	对外投资、对内投资
按投资项目之间的相互关联关系分	独立投资、互斥投资

提示　（1）直接投资与间接投资、项目投资与证券投资。两种投资分类的内涵和范围是一致的，只是分类的角度不同，前者强调的是投资的方式性，后者强调的是投资的对象性。

　　（2）对内投资都是直接投资，对外投资主要是间接投资，但也可能是直接投资，比如企业之间的横向经济联合中的联营投资。

【要点2】项目现金流量（掌握）

项目		内容
现金流量		是指由一项长期投资方案所引起的在未来一定期间所发生的现金收支。现金流入量与现金流出量相抵后的余额，称为现金净流量（简称 NCF）
投资项目的寿命周期	投资期	主要是现金流出量，即在该投资项目上的原始投资。包括长期资产投资和垫支的营运资金
	营业期	该阶段既有现金流入，也有现金流出。 （1）如果不考虑所得税： 营业现金净流量 = 营业收入 – 付现成本 = （营业收入 – 付现成本 – 非付现成本 + 非付现成本） = 营业利润 + 非付现成本　　　　　　（式一） （2）如果考虑所得税： 营业现金净流量 = 营业收入 – 付现成本 – 所得税 = 税后营业利润 + 非付现成本　　　　　　（式二） = 营业收入 × （1 – 所得税税率）– 付现成本 × （1 – 所得税税率）+ 非付现成本 × 所得税税率　　　　　　（式三）
	终结期	终结期的现金流量有固定资产变价净收入和垫支营运资金的收回

提示　（1）营业现金净流量的 3 个公式，是本章的基础和常考知识点，它们的计算结果是一致的，但是并不容易理解，式一没有考虑所得税的影响，所以用得比较少，式二和式三用得较多。

会出现这种算法上的差异，是因为营业现金净流量的计算，本质上使用的是收付实现制的思路，式二中的税后营业利润是在权责发生制的基础上计算出来的，扣除了非付现成本，所以应该再将非付现成本加回来。

至于式三，是假设全年的收入都是现金收入，而且收入都需要缴纳所得税，企业得到的，其实都是税后收入，即收入×（1－所得税税率）。付现成本在计算所得税时可以扣除，因此企业实际负担的是税后付现成本，即付现成本×（1－所得税税率）。在企业的营业成本中，除了付现成本之外，还有非付现成本，它在计算所得税前，也是可以扣除的，也就是说因为非付现成本的存在，企业少缴纳了所得税，这就是所谓的"非付现成本的抵税作用"，即非付现成本×所得税税率，它属于营业现金的流入量，所以得到式三。

非付现成本主要是固定资产年折旧费用、长期资产摊销费用、资产减值损失等。其中，长期资产摊销费用主要有跨年的大修理摊销费用、改良工程折旧摊销费用、筹建费摊销费用等，都是没有实际现金支出的，考生可以通过这种特点进行记忆。

（2）在考试中，为了便于利用资金时间价值的形式，不论现金流量具体内容所涉及的价值指标实际上是时点指标还是时期指标，均假设按照年初或年末的时点指标进行处理。如果没有特别说明，则认为投资发生在年初，另外还假设对于营业阶段各年的收入、成本、折旧、摊销、利润、税金等项目的确认均在年末发生（并且假设所有的收入都在当年收到了现金）；项目最终报废或清理均发生在终结点（更新改造题中另有提醒的除外），而且要注意，上一年的年末和下一年的年初，是同一个时间点。

（3）对于在营业期内某一年发生的大修理支出来说，如果会计处理是在本年内一次性作为收益性支出，则直接作为该年付现成本；如果跨年摊销，则本年作为投资性的现金流出量，摊销年份以非付现成本形式处理。对于在营业期内某一年发生的改良支出来说，是一种投资，应作为该年的现金流出量，以后年份通过折旧收回。

(4) 因为所得税的存在，所以必须要按照税法规定的折旧年限、方法和预计净残值计算年折旧额。

✓ 学习心得

【要点3】净现值（NPV）（掌握）

项目	内容
含义	净现值是指一个投资项目，其未来现金净流量现值与原始投资额现值之间的差额
计算方法	净现值（NPV）＝未来现金净流量现值－原始投资额现值
决策标准	**$NPV \geq 0$ 时，投资方案可行**
贴现率的选取	（1）市场利率； （2）投资者希望获得预期最低投资报酬率； （3）企业平均资本成本
优点	（1）适用性强，能基本满足年限相同的互斥项目的决策； （2）能灵活地考虑投资风险
缺点	（1）所采用的折现率不易确定； （2）不便于对原始投资额不相等的独立投资方案的比较决策； （3）不能对寿命不同的互斥方案进行直接决策

【要点4】年金净流量（ANCF）（掌握）

项目	内容
含义	年金净流量是指项目期间内全部现金净流量总额的总现值或总终值折算为等额年金的平均现金净流量
计算方法	某方案的年金净流量 = 现金净流量总现值/年金现值系数 = 现金净流量总终值/年金终值系数 = 净现值/年金现值系数
决策标准	在大于零的前提下，年金净流量最大的投资方案为优
优点	适用于寿命不同的互斥方案比较决策
缺点	（1）折现率不易确定； （2）不便于对原始投资额不相等的独立投资方案的比较决策

【要点5】现值指数（PVI）（掌握）

项目	内容
含义	现值指数是指投资项目的未来现金净流量现值与原始投资额现值之比
计算方法	现值指数 = 未来现金净流量现值/原始投资额现值
决策标准	现值指数≥1，项目可行；现值指数<1，项目不可行
特点	（1）现值指数法也是净现值法的辅助方法，在各方案原始投资现值相同时，实质上等价于净现值法； （2）现值指数是一个相对数指标，反映了投资效率，可用于投资额现值不同的独立方案比较

学习心得

【要点6】内含收益率（IRR）（掌握）

项目	内容
含义	内含收益率是指项目实际可望达到的报酬率，即能使项目投资的净现值等于零时的贴现率
计算方法	（1）年金法。适用于项目全部投资均于投资期内一次性投入，投资期为零，且投产后每年的净现金流量相等。可使用插值法的步骤计算。 （2）逐步测试法。如果项目投资不同时满足上述计算内部收益率的特殊算法的条件，则只能采用试算法结合插值法的一般步骤计算内含收益率
决策标准	只有当内含收益率≥折现率时，投资项目才是可行的
优点	（1）内含收益率反映了投资项目实际可能达到的投资报酬率； （2）反映各独立方案的获利水平
缺点	（1）计算复杂，不易直接考虑投资风险大小； （2）在互斥方案决策时，如果各方案的原始投资额不相等，有时无法作出正确的决策

【要点7】回收期（PP）（掌握）

项目	内容	
含义	回收期是指投资项目未来现金净流量与原始投资额相等时所经历的时间，即原始投资额通过未来现金流量回收所需要的时间	
计算方法	静态回收期	(1) 未来每年现金净流量相等时，静态回收期＝原始投资额/每年现金净流量； (2) 未来每年现金净流量不相等时，则只能通过计算"累计净现金流量"的方式，来确定静态回收期。静态回收期＝m＋第 m 年的尚未收回额÷第 $(m+1)$ 年的现金净流量
	动态回收期	(1) 在原始投资一次支出，每年现金净流入量相等时： $(P/A, i, n)$＝原始投资额现值/每年现金净流量现值 计算出年金现值系数后，使用查表、插值法可以计算出 n； (2) 如果现金流入量每年不等时，计算使净现值为零时的 n，即为动态回收期
决策标准	回收期越短越好	
优点	(1) 计算简便，易于理解；(2) 考虑了项目的流动性和风险	
缺点	(1) 静态回收期没有考虑时间价值；(2) 静态回收期和动态回收期没有考虑超过回收期的现金流量	

【要点8】 投资方案的决策——独立与互斥（掌握）

方案	独立	互斥
决策实质	如何确定各种可行方案的投资顺序，即独立方案之间的优先次序	如何选择最优方案
决策方法	以各个方案的获利程度作为评价标准，一般采用内含收益率法进行比较决策	（1）项目寿命相同时，选择净现值法，以净现值最大的方案为最优； （2）项目寿命相同或不同时，选择年金净流量法，以年金净流量最大的方案为最优

提示　（1）将以上各种财务评价指标综合分类，具体内容可得下表。

分类标注		种类
是否考虑 货币时间价值	静态指标	静态回收期
	动态指标	净现值、年金净流量、现值指数、内含收益率、动态回收期
指标性质	正向指标（越大越好）	净现值、年金净流量、现值指数、内含收益率
	反向指标（越小越好）	静态回收期、动态回收期

（2）净现值、年金净流量、现值指数、内含收益率这几个指标之间的关系：

①净现值（NPV）= 未来现金净流量现值 – 原始投资额现值

②年金净流量 = 净现值/年金现值系数

（由此可知二者是同向变动）

③现值指数 = 未来现金净流量现值/原始投资额现值

④内含收益率是指对投资方案未来的每年现金净流量进行贴现，使所得的现值恰好与原始投资额现值相等，即净现值为 0 时的贴现率。

由此可知，因为净现值越大时，现值越小，所以净现值等于 0 时的贴现率与净现值小于 0 时的贴现率相比，净现值小于 0 时的贴现率大，因此，投资方案的净现值小于 0 的贴现率一定大于该方案的内含收益率。

【要点9】固定资产更新决策（掌握）

项目	内容
项目寿命相同时	题目给定现金流入时，以净现值最大的方案为优。 题目没有给定现金流入时，以总现金流出现值最小的方案为优
项目寿命不同时	题目给定现金流入时，以年金净流量最大的方案为优。 题目没有给定现金流入时，以年金成本最小的方案为优

学习心得 ....

....

....

....

....

【要点10】证券资产的特点（熟悉）

项目	内容
价值虚拟性	证券资产不能脱离实体资产而完全独立存在。但证券资产的价值不是完全由实体资本的现实生产经营活动决定的，而是取决于契约性权利所能带来的未来现金流量，是一种未来现金流量折现的资本化价值
可分割性	证券资产可以分割为一个最小的投资单位
持有目的多元性	既可能是为未来积累现金即为未来变现而持有，也可能是为谋取资本利得即为销售而持有，还有可能是为取得对其他企业的控制权而持有
强流动性	其流动性表现在： （1）变现能力强； （2）持有目的可以相互转换，当企业急需现金时，可以立即将为其他目的而持有的证券资产变现
高风险性	受公司风险和市场风险的双重影响

【要点 11】证券投资的风险（熟悉）

项目		内容
系统性风险	价格风险	指由于市场利率上升，使证券价格普遍下降的风险。证券资产的期限越长，市场利率上升时其价格下跌越剧烈，价格风险就越大。到期风险附加率是投资者承担市场利率上升导致证券价格下降的利率变动风险的一种补偿。期限越长的证券，要求的到期风险附加率越大
	再投资风险	指由于市场利率下降，再也找不到原来的高回报的投资机会，而造成的无法通过再投资实现预期收益的风险
	购买力风险	指由于通货膨胀而使货币购买力下降的风险。购买力风险对具有收款权利性质的资产影响很大，债券投资的购买力风险远大于股票投资。避免购买力风险的办法是将资本投向实体性资产
非系统性风险	违约风险	指证券发行人无法按约定兑付证券利息和偿还本金的可能性
	变现风险	指证券持有者无法将证券以正常价格平仓出货的可能性
	破产风险	指证券资产发行者破产清算时投资者无法收回应得权益的可能性

【要点 12】 债券估值 （掌握）

项目	内容
基本要素	债券面值、票面利率（计息方式、付息方式）、到期日
基本公式	债券价值 = 未来各期利息收入的现值合计 + 未来到期本金或售价的现值 $$V_b = \sum_{t=1}^{n} \frac{I_t}{(1+R)^t} + \frac{M}{(1+R)^n}$$ 即，$V_b = I \times (P/A,\ i,\ n) + M \times (P/F,\ i,\ n)$
决策标准	价值高于价格可以购买；反之则相反
市场利率对债券价值的敏感性	（1）市场利率提高，债券价值变小，反之则相反。 （2）长期债券对市场利率的敏感性要大于短期债券。 （3）市场利率低于票面利率时，债券价值对市场利率的变化较为敏感，市场利率稍有变化债券价值就会发生剧烈波动；市场利率超过票面利率之后债券价值对市场利率的变化的敏感性减弱，市场利率的提高不会使债券价值过分降低。 （4）债券实际发行时要折价发行、平价发行或溢价发行。

续表

项目	内容
市场利率对债券价值的敏感性	①折价发行是为了对投资者未来少获利息而给予的必要补偿； ②平价发行是因为票面利率与市场利率是相等的，此时票面价值和债券价值是一致的，所以不存在补偿问题； ③溢价发行是为了对债券发行者未来多付利息而给予的必要补偿
债券期限对债券价值的敏感性	（1）引起债券价值随债券期限变化而波动的原因，是债券票面利率与市场利率的不一致性。如果票面利率与市场利率一致，债券期限变化不会引起债券价值的变化。即只有溢价或折价的债券，才产生不同期限下债券价值有所不同的现象。 （2）债券期限越短，债券票面利率对债券价值的影响越小。不论是溢价还是折价债券，当债券期限较短时，票面利率与市场利率的差异不会使债券价值过于偏离债券的面值。 （3）债券期限越长，债券价值越偏离债券面值，并且，溢价债券的期限对债券价值的敏感性要大于折价债券。 （4）超长期债券的期限差异，对债券价值的影响不大

【要点13】债券的内部收益率（熟悉）

项目	内容
含义	内部收益率是指以当前市场价格购买债券并持有至到期日或转让日所能获得的收益率，即是使未来现金流入现值等于债券购入价格的折现率
计算方法	(1) 试算法（考虑时间价值）： 使用债券价值的计算公式，将债券价值改为已知的买价，倒求折现率即可； (2) 简便算法（不考虑时间价值）： $R = [I + (B - P)/N]/[(B + P)/2] \times 100\%$
决策标准	内含收益率大于投资人要求的报酬率，可以买入债券
说明	(1) 平价发行债券，持有到期的内含收益率＝票面利率； (2) 溢价发行债券，持有到期的内含收益率＜票面利率； (3) 折价发行债券，持有到期的内含收益率＞票面利率

【要点14】 股票投资（熟悉）

1. 股票的价值

（1）股票估价的基本模型。

$$V_s = \frac{D_1}{(1+R_s)^1} + \frac{D_2}{(1+R_s)^2} + \cdots + \frac{D_n}{(1+R_s)^n} + \cdots = \sum_{t=1}^{\infty} \frac{D_t}{(1+R_s)^t}$$

优先股价值计算为： $V_s = \dfrac{D}{R_s}$

（2）常用的股票股价模式。

①固定增长模式： $V_s = \dfrac{D_0(1+g)}{R_s - g}$ ；

②零增长模式： $V_s = \dfrac{D}{R_s}$ ；

③阶段性增长模式：需要分段分别计算，然后折现，确定股票价值。

2. 股票投资的收益率

项目		内容
股票收益的来源		（1）股利收益；（2）股利再投资收益；（3）转让价差收益
股票的内部收益率	含义	使得股票未来现金流量贴现值等于目前的购买价格时的贴现率，也就是股票投资项目的内含收益率
	决策原则	股票的内部收益率高于投资者所要求的最低报酬率时，投资者才愿意购买该股票
	计算	（1）若永久持有，不准备出售，则内部收益率为：$R = \dfrac{D_1}{P_0} + g$； （2）若有限期持有，未来准备出售。利用逐步测试法，结合内插法来求净现值为 0 的折现率

【要点15】投资基金（熟悉）

项目	内容	
投资基金的概念	投资基金是一种集合投资方式，投资者通过购买基金份额，将众多资金集中起来，由专业的投资者即基金管理人进行管理，通过投资组合的方式进行投资，实现利益共享、风险共担	
证券投资基金的特点	（1）集合理财实现专业化管理； （2）通过组合投资实现分散风险的目的； （3）投资者利益共享且风险共担； （4）权力隔离的运作机制； （5）严格的监管制度	
证券投资基金的分类	依据法律形式分类	契约型基金、公司型基金
	依据运作方式分类	封闭式基金、开放式基金
	依据投资对象分类	股票基金、债券基金、货币市场基金、混合基金

续表

项目		内容
证券投资基金的分类	依据投资目标分类	增长型基金、收入型基金、平衡型基金
	依据投资理念分类	主动型基金、被动（指数）型基金
	依据募集方式分类	私募基金、公募基金
证券投资基金业绩的评价	绝对收益	（1）持有期间收益率。 持有期间收益率＝（期末资产价格 － 期初资产价格 ＋ 持有期间红利收入）/期初资产价格×100%
		（2）现金流和时间加权收益率
		（3）平均收益率。 ①算数平均收益率； ②几何平均收益率
	相对收益	是基金相对于一定业绩比较基准的收益

项目			内容
证券投资基金的分类详情	依据法律形式的分类	契约型基金	契约型基金依据基金管理人、基金托管人之间签署的基金合同设立，合同规定了参与基金运作各方的权利与义务。基金投资者通过购买基金份额成为基金合同当事人，享受合同规定的权利，也需承担相应义务
		公司型基金	公司型基金则为独立法人，依据基金公司章程设立，基金投资者是基金公司的股东，按持有股份比例承担有限责任，分享投资收益。与一般股份有限公司类似，也有董事会这种行使股东权力的机构，虽然公司型基金在形式上类似于一般股份公司，但不同于一般股份公司的是，它委托基金管理公司作为专业的投资顾问来经营与管理基金资产

续表

项目			内容
证券投资基金的分类详情	依据运作方式的分类	封闭式基金	封闭式基金的基金份额持有人不得在基金约定的运作期内赎回基金，即基金份额在合同期限内固定不变。适合资金可进行长期投资的投资者
		开放式基金	开放式基金则可以在合同约定的时间和场所对基金进行申购或赎回，即基金份额不固定。适合强调流动资金管理的投资者
	依据投资对象的分类	股票基金	股票基金为基金资产 80% 以上投资于股票的基金
		债券基金	债券基金为基金资产 80% 以上投资于债券的基金
		货币市场基金	仅投资于货币市场工具的基金
		混合基金	混合基金是指投资于股票、债券和货币市场工具，但股票投资和债券投资的比例不符合股票基金、债券基金规定的基金

续表

项目			内容
证券投资基金的分类详情	依据投资目标分类	增长型基金	增长型基金主要投资于具有较好增长潜力的股票,投资目标为获得资本增值,较少考虑当期收入
		收入型基金	收入型基金则更加关注能否取得稳定的经常性收入,投资对象集中于风险较低的蓝筹股、公司及政府债券等
		平衡型基金	平衡型基金则集合了上述两种基金投资的目标,既关注是否能够获得资本增值,也关注收入问题
			三者在风险与收益的关系上往往表现为:增长型基金风险>平衡型基金风险>收入型基金风险,增长型基金收益>平衡型基金收益>收入型基金收益。投资目标的差异引发了基金投向和策略的差异,投资者可以根据自身的投资目标选择适合的基金种类

项目			内容
证券投资基金的分类详情	依据投资理念分类	主动型基金	主动型基金是指由基金经理主动操盘寻找超越基准组合表现的投资组合进行投资，被动型基金则期望通过复制指数的表现，选取特定的指数成分股作为投资对象，不期望能够超越基准组合，只求能够与所复制的指数表现同步
		被动（指数）型基金	目前的被动（指数）型基金除完全复制指数成分股的投资策略外，也有指数增强型基金，即在复制的基础上根据市场变化做适当调整，以期获得超跟踪指数的收益
	依据募集方式分类	私募基金	私募基金采取非公开方式发售，面向特定的投资者，他们往往风险承受能力较高，单个投资者涉及的资金量较大
		公募基金	公募基金可以面向社会公众公开发售，募集对象不确定，投资金额较低，适合中小投资者

基金的平均收益率根据计算方法不同可分为算术平均收益率和几何平均收益率。这部分容易考计算题。

（1）算术平均收益率即计算各期收益率的算术平均值。算术平均收益率（R_A）的计算公式为：

$$R_A = \frac{\sum\limits_{t=1}^{n} R_t}{n} \times 100\%$$

式中：R_t 表示 t 期收益率；n 表示期数。

（2）几何平均收益率（R_G）的计算公式为：

$$R_G = \left(\sqrt[n]{\prod_{i=1}^{n} (1 + R_i)} - 1 \right) \times 100\%$$

式中：R_i 表示 i 期收益率；n 表示期数。

几何平均收益率相比算术平均收益率考虑了货币时间价值。一般来说，收益率波动越明显，算术平均收益率相比几何平均收益率越大。

【要点16】私募股权投资基金（熟悉）

项目	内容
概念	私募股权投资基金属于股权投资基金，投资对象往往为私人股权，包括未上市企业和上市企业非公开发行和交易的普通股、依法可转换为普通股的优先股和可转换债券
特点	（1）具有较长的投资周期； （2）较大的投资收益波动性； （3）对投资决策与管理的专业要求较高，投后需进行非财务资源注入
退出	（1）股份上市转让或挂牌转让； （2）股权转让； （3）清算退出

续表

项目	内容
与风险投资基金的关系	在我国经济发展过程中，私募股权基金和风险投资基金受到较高关注。从投资阶段看，私募股权基金主要投资拟上市公司，被投资方业务已进入发展阶段，而风险投资基金则更关注初创型企业，公司经营可能刚刚起步，投资标的以高新技术企业或项目为主。但从目前风险投资基金机构的投资取向看，也不排除中后期的投资活动。风险投资基金愿意承担更高的投资风险，但同时也期望有更高的投资报酬率。在目前的投资过程中，私募股权基金与风险投资基金仅做概念上的区分，其投资对象可能重合，实际经营中并不存在严格的界限

【要点17】 期权合约的基本概念 （熟悉）

项目	内容
概念	期权合约，又称选择权合约，是指合约持有人可以选择在某一特定时期或该日期之前的任何时间以约定价格买入或者卖出标的资产的合约，即期权合约购买方既可以选择行权也可以选择不行权。该合约允许买方从市场的变动中受益，但市场朝反方向变动时也不会遭受损失，即期权的买方和卖方获利与损失的机会并不均等，期权的买方通过支付期权合约的购买费用获得了一项仅有权利而没有义务的合约，买方与卖方进行的是零和博弈，两者盈亏正好相反
构成要素	（1）标的资产指期权合约中约定交易的资产，包括商品、金融资产、利率、汇率或综合价格指数等。 （2）期权买方通过支付费用获取期权合约规定的权利，也称为期权的多头。 （3）期权卖方通过获得买方支付的合约购买费用，承担在规定时间内履行期权合约义务的责任，也称为期权的空头。

续表

项目	内容
构成要素	(4) 执行价格（或称为协议价格），指依据合约规定，期权买方在行权时所实际执行的价格。该价格与行权时的实际价格之差将体现为期权买方的收益或损失。 (5) 期权费用是指期权买方为获取期权合约所赋予的权利而向卖方支付的费用，一旦支付，无论买方是否选择行权，费用不予退回。期权费用对于买方而言是该项投资的成本，对于卖方而言，是一项回报。 (6) 通知日为预先确定的交货日之前的某一天，以便做好准备。到期日为期权合约必须履行的时间点

| 分类 | 按期权执行时间的不同 | 欧式期权指买方仅能在到期日执行期权，不可推迟或提前，欧式期权的卖方有权拒绝提前执行合约，如果推迟执行则合约作废 |
| | | 美式期权允许买方在期权到期前的任何时间执行期权合约，包括到期日当天，但如果超过到期日则同样作废。由于美式期权的行权更加自由，因此在同样条件下，美式期权的费用也较高 |

续表

项目		内容
分类	按期权买方权利的不同	看涨期权赋予了期权买方在到期日或到期日之前，以固定价格购买标的资产的权利，也称为买入期权
		看跌期权赋予了期权买方在到期日或到期日之前，以固定价格卖出标的资产的权利，也称为卖出期权

【要点18】期权到期日价值与净损益的计算（熟悉）

项目	内容
概念	看涨期权或看跌期权赋予了期权买方在到期日或到期日之前以固定价格买入或卖出标的资产的权利，期权卖方在获得期权费用后则需依据合约内容履行相应义务。市场上的投资者既可能成为期权买方，也可能是期权卖方。对于投资者来说，其目的是通过买卖期权对冲投资风险，提升投资收益，因此评估期权的价值尤为重要。期权买卖双方约定的固定价格又称为执行价格或协议价格。期权到期日价值取决于标的资产到期日的市场价格与期权合约约定的执行价格。其中执行价格在买卖期权合约时相当于已知条件，但标的资产到期日的市场价格对于投资者而言并不确定。因此投资者需要结合自身对资产未来价格的预期，审慎进行期权买卖决策

续表

项目	内容		
买入看涨期权	投资者买入看涨期权，即投资者预测在期权到期日时，标的资产市场价格 A_m 将高于执行价格 X。因此，当到期日 $A_m > X$ 时，投资者将选择行权，规避标的资产价格上涨的风险，否则不会执行期权	期权到期日价值（V）	$V = max(A_m - X, \ 0)$ 当 $A_m > X$ 时，期权买方将选择行权，期权到期价值为 $A_m - X$； 当 $A_m < X$ 时，期权买方不会行权，期权到期价值为 0
		期权净损益（P）	$P = V -$ 期权费用 买入看涨期权方的净损失最大为期权费用，净收益则没有上限
卖出看涨期权	看涨期权卖方与买方为零和博弈，买方获取的收益即为卖方的损失。卖出看涨期权的一方，向买方收取了期权费用	期权到期日价值（V）	$V = - max(A_m - X, \ 0)$ 当 $A_m > X$ 时，期权买方将选择行权，则对于卖方而言，期权到期价值为 $-(A_m - X)$； 当 $A_m < X$ 时，期权买方不会行权，则对于卖方而言期权到期价值为 0

续表

项目	内容		
卖出看涨期权	看涨期权卖方与买方为零和博弈，买方获取的收益即为卖方的损失。卖出看涨期权的一方，向买方收取了期权费用	期权净损益（P）	$P = V +$ 期权费用 卖出看涨期权方的净损失没有下限，净收益最大为期权费用
买入看跌期权	投资者买入看跌期权，即投资者预测在期权到期日时，标的资产市场价格 A_m 将低于执行价格 X。因此，当到期日 $A_m < X$ 时，投资者将选择行权，规避标的资产价格下跌的风险，否则不会执行期权	期权到期日价值（V）	$V = max(X - A_m, 0)$ 当 $A_m < X$ 时，期权买方将选择行权，期权到期价值为 $X - A_m$； 当 $A_m > X$ 时，期权买方不会行权，期权到期价值为 0
		期权净损益（P）	$P = V -$ 期权费用 买入看跌期权方的净损失最大为期权费用，净收益上限为 $X -$ 期权费用，即标的资产市场价格 A_m 降至 0

续表

项目	内容		
卖出看跌期权	看跌期权卖方与买方为零和博弈，买方获取的收益即为卖方的损失。卖出看跌期权的一方，向买方收取了期权费用	期权到期日价值（V）	$V = -max(X - A_m，0)$ 当 $A_m < X$ 时，期权买方将选择行权，则对于卖方而言，期权到期价值为 $-(X - A_m)$； 当 $A_m > X$ 时，期权买方不会行权，则对于卖方而言，期权到期价值为 0
		期权净损益（P）	$P = V +$ 期权费用 卖出看跌期权方的净收益最大为期权费用，净损失最大为 $X -$ 期权费用，即标的资产市场价格 A_m 降至 0

第七章 营运资本管理

☞ 掌握营运资金的概念、特点、管理原则与策略
☞ 掌握现金收支和应收账款日常管理
☞ 掌握最优存货量的确定
☞ 掌握存货的成本
☞ 掌握目标现金余额的确定
☞ 掌握应收账款的成本
☞ 掌握流动负债管理
☞ 掌握应收账款的成本与监控
☞ 熟悉应收账款的功能
☞ 熟悉现金管理模式
☞ 熟悉信用政策
☞ 熟悉存货管理目标

【要点1】 流动资产与流动负债的分类（熟悉）

项目	分类标准	分类
流动资产	按占用形态	现金、交易性金融资产、应收及预付款项和存货
	按在生产经营过程中所处的环节	生产领域中的流动资产、流通领域中的流动资产以及其他领域的流动资产
流动负债	以应付金额是否确定	应付金额确定的流动负债（短期借款、应付票据、应付短期融资券）和应付金额不确定的流动负债（如应交税金、应付产品质量担保债务等）
	以流动负债的形成情况	自然性流动负债和人为性流动负债
	以是否支付利息	有息流动负债和无息流动负债

【要点2】流动资产投资策略（熟悉）

类型	流动资产与销售收入比率	财务与经营风险	流动资产持有成本	流动资产短缺成本	企业的收益水平
紧缩投资策略	维持低水平	较高	较低	较高	较高
宽松投资策略	维持高水平	较低	较高	较低	较低

提示　　这里的流动资产通常只包括生产经营过程中生产的存货、应收款项以及现金等生产型流动资产，而不包括股票、债券等金融资产型流动资产。

【要点3】 影响流动资产投资策略的考量因素（熟悉）

因素	具体表现
权衡资产的收益性和风险性	增加流动资产投资，会增加流动资产的持有成本，降低资产的收益性，但会提高资产的流动性；反之会降低。因此，从理论上来说，最优的流动资产投资规模等于流动资产的持有成本与短缺成本之和最低时的流动资产占用水平
企业经营的内外部环境	（1）银行和其他借款人对企业流动性水平非常重视。如果企业重视债权人的意见，会持有较多流动资产。 （2）融资困难的企业，通常采用紧缩政策
产业因素	销售边际毛利较高的产业，宽松信用政策可能提供更可观的收益
行业类型	流动资产占用具有明显的行业特征。比如，在商业零售行业，其流动资产占用要超过机械行业

续表

因素	具体表现
影响企业政策的决策者	保守的决策者更倾向于宽松的流动资产投资策略，而风险承受能力较强的决策者则倾向于紧缩的流动资产投资策略

提示

（1）运营经理和销售经理分别喜欢高水平的原材料存货及产成品存货；

（2）财务管理人员喜欢使存货和应收账款最小化。

 学习心得

【要点4】流动资产与流动负债的特殊分类（熟悉）

分类	特点
永久性流动资产	指满足企业长期最低需求的流动资产，其占有量通常相对稳定
波动性流动资产（临时性流动资产）	指那些由于季节性或临时性的原因而形成的流动资产，其占用量随当时的需求而波动
临时性负债（筹资性流动负债）	为了满足临时性流动资金需要所发生的负债。一般只能供企业短期使用
自发性负债（经营性流动负债）	直接产生于企业持续经营中的负债，可供企业长期使用

【要点5】流动资产融资策略的种类及特点（熟悉）

资产 = 负债 + 所有者权益

流动资产 + 非流动资产 = 流动负债 + 非流动负债 + 所有者权益

波动性流动资产 + 永久性流动资产 + 非流动资产 = 临时性流动负债 + 自发性流动负债 + 非流动负债 + 所有者权益

其中，自发性流动负债、非流动负债和所有者权益共同组成长期融资来源。

1. 当波动性流动资产 > 临时性流动负债

则：永久性流动资产 + 非流动资产 < 自发性流动负债 + 非流动负债 + 所有者权益。

即表示：长期融资来源除了保证永久性流动资产和非流动资产外，还能负担一部分波动性流动资产，而短期融资来源只需要负担剩余的波动性流动资产，融资风险较低。

2. 当波动性流动资产＜临时性流动负债

则：永久性流动资产＋非流动资产＞自发性流动负债＋非流动负债＋所有者权益

即表示：长期融资来源无法保证永久性流动资产和非流动资产，剩余部分需要短期融资来源负担，融资风险较高。

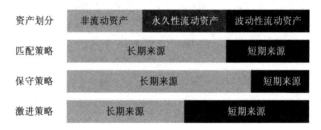

但由于临时性负债筹资风险大，资本成本低，三种战略中激进型融资策略的临时性负债占比最大，融资成本最低；保守型融资策略的临时性负债占比最小，融资成本最高。

【要点6】目标现金余额的确定（掌握）

1. 成本分析模型

成本分析模型的思路是认为持有现金是有成本的，最优现金持有量就是当企业持有这些现金时，其持有成本最低。而持有成本主要包括以下内容。

相关成本	含义	与现金持有量的关系
机会成本	因持有一定现金余额而丧失的再投资收益	正相关
管理成本	因持有一定数量的现金而发生的管理费用	固定成本
短缺成本	现金持有量不足而又无法及时通过有价证券变现加以补充而给企业造成的损失	负相关

决策原则：上述三项成本之和最小的现金持有量即为最佳现金持有量。

最佳现金持有量 = min（机会成本 + 管理成本 + 短缺成本）

成本分析模型的现金成本如下图所示。

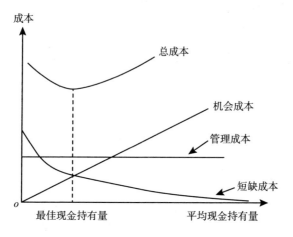

2. 存货模型

项目	内容
基本假设前提	（1）现金的支出过程比较稳定，波动较小，而且每当现金余额降至零时，均通过变现部分证券得以补足——无短缺成本。 （2）企业预算期内现金需要总量可以预测。 （3）证券的利率或报酬率以及每次固定性交易费用可以获悉
存货持有成本	（1）机会成本是指企业因保留一定现金余额而损失的再投资收益。 机会成本 = 年平均现金持有额 × 有价证券年利率 （2）交易成本是指将有价债券换回现金所要支付的成本。 交易成本 = 年转换次数 × 每次转换需要支付的交易费用
存货现金成本图	 最佳现金持有量（机会成本线和交易成本线交叉点）

续表

项目	内容
最佳现金持有额的计算	机会成本 $= C/2 \times K$ 交易成本 $= T/C \times F$ 其中，K 表示有价证券利息率； F 表示每次交易成本； T 表示总现金需要量（每年）； C 表示现金最优持有量。 当交易成本 = 机会成本时，总成本最低。 即：$C/2 \times K = T/C \times F$ 最佳现金持有额 $C^* = \sqrt{\dfrac{2 \times T \times F}{K}}$ 最小相关总成本 $= \sqrt{2 \times T \times F \times K}$ 进而可知，最佳交易次数 $N^* = T/C^*$ 最佳交易间隔期 = 预算期天数$/N^*$

3. 随机模型

项目	内容
概念	由于现金流量波动是随机的，只能对现金持有量确定一个控制区域，定出上限和下限。当企业现金余额在上限和下限之间波动时，表明企业现金持有量处于合理的水平，无须进行调整。当现金余额达到上限时，则将部分现金转换为有价证券；当现金余额下降到下限时，则卖出部分证券
计算	计算公式为：$R = \sqrt[3]{\dfrac{3b \times \delta^2}{4i}} + L$ 注：下限（L）确定应考虑的因素： （1）短缺现金的风险程度； （2）企业借款能力； （3）企业日常周转所需资金； （4）银行要求的补偿性余额。 最高控制线 H 的计算公式为：$H = 3R - 2L$

【要点7】 现金周转期（熟悉）

1. 现金周转期

现金周转期是指介于企业支付现金与收到现金之间的时间段，它等于经营周期减去应付账款周转期。

经营周期 = 存货周转期 + 应收账款周转期

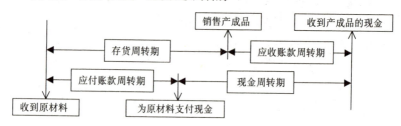

2. 各种周转期的含义

（1）存货周转期，从收到原材料到加工原材料，形成产成品，到将产成品卖出的这一时期，称为存货周转期；

（2）应收账款周转期，产品卖出后到收到顾客支付的货款的这一时期，被称为应收账款周转期；

（3）应付账款周转期，企业购买原材料并不用立即付款，这一延迟的付款时间段就是应付账款周转期。

3. 计算公式

现金周转期 = 存货周转期 + 应收账款周转期 - 应付账款周转期

其中，存货周转期 = 存货平均余额/每天的销货成本

应收账款周转期 = 应收账款平均余额/每天的销货收入

应付账款周转期 = 应付账款平均余额/每天的购货成本

4. 减少现金周转期的措施

（1）加快制造与销售产成品 ⟶ 减少存货周转期；

（2）加速应收账款的回收 ⟶ 减少应收账款周转期；

（3）减缓支付应付账款 ⟶ 延长应付账款周转期

【要点8】收付款管理（熟悉）

1. 收款管理

因素	内容
收款的成本	（1）浮动期成本（机会成本）； （2）管理收款系统相关费用； （3）第三方处理费用或清算相关费用
收款浮动期	收款浮动期是指从付款人支付开始到企业收到资金的时间间隔。收款浮动期主要是纸基支付工具导致的，有下列三种类型： （1）邮寄浮动期，从付款人寄出支票到收款人或收款人的处理系统收到支票的时间间隔； （2）处理浮动期，是指支票的接受方处理支票和将支票存入银行以收回现金所花的时间； （3）结算浮动期，是指通过银行系统进行支票结算所需的时间

2. 付款管理

延缓现金支出的策略	说明
使用现金浮游量	现金浮游量是指由于企业提高收款效率和延长付款时间所产生的企业账户上的现金余额和银行账户上的企业存款余额之间的差额
推迟应付款的支付	推迟应付款的支付是指企业在不影响自己信誉的前提下，充分运用供货方所提供的信用优惠，尽可能地推迟应付款的支付期
汇票代替支票	与支票不同的是，承兑汇票并不是见票即付。它推迟了企业调入资金支付汇票的实际所需时间
改进员工工资支付模式	企业可以为支付工资专门设立一个工资账户，通过银行向职工支付工资
透支	企业开出支票的金额大于活期存款余额
争取现金流出与现金流入同步	应尽量使现金流出与流入同步，这样，就可以降低交易性现金余额，同时可以减少有价证券转换为现金的次数，提高现金的利用效率，节约转换成本
使用零余额账户	企业与银行合作，保持一个主账户和一系列子账户。企业只在主账户保持一定的安全储备，而在一系列子账户不需要保持安全储备

【要点9】应收账款管理（掌握）

项目	内容
应收账款的功能	（1）增加销售的功能——通过提供赊销可有效地促进销售； （2）减少存货的功能——赊销将存货转化为应收账款，减少产成品存货

应收账款的成本		
	机会成本	（1）应收账款平均余额 = 日销售额 × 平均收现期； （2）应收账款占用资金 = 应收账款平均余额 × 变动成本率； （3）应收账款占用资金的应计利息（即机会成本） 　　= 应收账款占用资金 × 资本成本 　　= 应收账款平均余额 × 变动成本率 × 资本成本 　　= 全年变动成本/360 × 平均收现期 × 资本成本
	管理成本	调查顾客信用状况的费用、收集各种信息的费用、账簿的记录费用、收费费用、数据处理成本、相关管理人员成本和从第三方购买信用信息的成本等
	坏账成本	应收账款的坏账成本 = 赊销额 × 预计坏账损失率

【要点10】5C 信用评价系统 （熟悉）

5C	含义	衡量
品质	指个人申请人或企业申请人管理者的诚实和正直表现；这是 5C 中最重要的因素	通常要根据过去的记录结合现状调查来进行分析
能力	指偿债能力	通常通过分析申请者的生产经营能力及获利情况、管理制度是否健全、管理手段是否先进、产品生产销售是否正常、在市场上有无竞争力、经营规模和经营实力是否逐年增长等来评估
资本	指企业或个人在短期和长期内可供使用的财务资源	调查了解企业资本规模和负债比率，反映企业资产或资本对负债的保障程度

5C	含义	衡量
抵押	指当企业或个人不能满足还款条款时，可以用作债务担保的资产或其他担保物	分析担保抵押手续是否齐备，抵押品的估值和出售有无问题，担保人的信誉是否可靠等
条件	指影响申请人还款能力和还款意愿的各种外在因素	对企业的经济环境，包括企业发展前景、行业发展趋势、市场需求变化等进行分析，预测其对企业经营效益的影响

学习心得 --

【要点 11】信用条件（熟悉）

信用条件主要包括信用期限、折扣期限、现金折扣三个要素。

这里的考查主要以计算题的形式出现，对比两种信用政策或者让考生判断是否采用信用政策。具体计算思路如下：

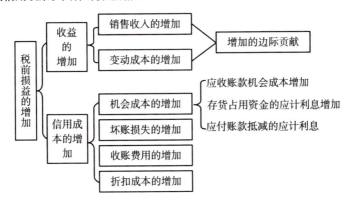

提示　无论是这里提到的"收益的增加"还是"信用成本的增加"都是相对值，计算的都是增加值，计算过程中要时刻记得减除基本量。如果题中没有给出平均收现期，在没有现金折扣条件的情况下，以信用期作为平均收现期；在有现金折扣条件的情况下，则用加权平均数作为平均收账天数。

学习心得

【要点12】应收账款保理（熟悉）

应收账款保理是企业将赊销形成的未到期应收账款，在满足一定条件的情况下转让给保理商，以获得流动资金，加快资金的周转。具体种类如下表所示。

项目		内容
按照保理商是否有追索权	有追索权保理（非买断型）	供应商将债权转让给保理商，供应商向保理商融通资金后，如果购货商拒绝付款或无力付款，保理商有权向供应商要求偿还预付的现金，如购货商破产或无力支付，只要有关款项到期未能收回，保理商都有权向供应商进行追索，因而保理商具有全部"追索权"
	无追索权保理（买断型）	指保理商将销售合同完全买断，并承担全部的收款风险

续表

项目		内容
按是否通知购货商保理情况	明保理	指保理商和供应商需要将销售合同被转让的情况通知购货商，并签订保理商、供应商、购货商之间的三方合同
	暗保理	指供应商为了避免让客户知道自己因流动资金不足而转让应收账款，并不将债权转让情况通知客户，货款到期时仍由销售商出面催款，再向银行偿还借款
按是否提供预付账款融资	折扣保理（融资保理）	即在销售合同到期前保理商将剩余未收款部分先预付给销售商，一般不超过全部合同额的70%～90%
	到期保理	指保理商并不提供预付账款融资，而是在赊销到期时才支付，届时不管货款是否收到，保理商都必须向销售商支付货款

【要点 13】存货的成本（掌握）

取得成本 ⎰ 购置成本＝年需要量×单价

⎱ 订货成本 ⎰ 固定订货成本——与订货次数无关

⎱ 变动订货成本——与订货次数相关

＝年订货次数×每次订货成本

储存成本 ⎰ 固定储存成本——与存货数量无关

⎱ 变动储存成本——与存货数量相关

＝年平均库存量×单位存货的年储存成本

缺货成本

【要点14】最优存货量的确定（掌握）

1. 经济订货基本模型

经济订货批量基本模型须满足以下假设前提：

（1）存货总需求量是已知常数；

（2）不存在订货提前期，即可以随时补充存货；

（3）货物是一次性入库；

（4）单位货物成本为常数，无批量折扣；

（5）库存储存成本与库存水平呈线性关系；

（6）货物是一种独立需求的物品，不受其他货物影响；

（7）不允许缺货，即无缺货成本，TC_s 为 0。

存货的成本中，与订货批量有关的只有变动订货成本和变动储存成本两个，其余均是固定成本，缺货成本为 0。

相关成本：

变动储存成本 = 年平均库存量 × 单位存货的年储存成本

$$= (Q/2) \times K_C$$

 提示 （1）单位存货的年储存成本为 K_C。

变动订货成本 = 年订货次数 × 每次订货成本

$$= (D/Q) \times K$$

（2）年需求量 D，每次订货成本为 K。

订货批量与存货相关总成本、订货费用、储存成本的关系如下图所示。

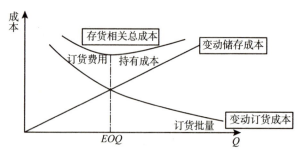

基本公式为：

（1）经济订货批量：$EOQ = \sqrt{\dfrac{2KD}{K_C}}$；

（2）存货相关总成本＝变动订货成本＋变动储存成本

$TC = K \times D/Q + Q/2 \times K_C$；

（3）最小相关总成本：$TC = \sqrt{2KDK_C}$；

（4）最佳订货次数：$N = D/Q^*$

2. 经济订货基本模型的扩展

（1）再订货点。

再订货点是指企业再次发出订货单时应保持的存货库存量。当不考虑保险储备时，再订货点的确定为：

$R = L \times d = $ 交货时间 × 每日平均需用量

订货期提前对经济订货量并无影响。

（2）存货陆续供应和使用模型。

设每批订货数为 Q，每日送货量为 p，每日耗用量为 d，相关成本：

变动订货成本 = 年订货次数 × 每次订货成本 $= D/Q \times K$

变动储存成本 = 年平均库存量 × 单位存货的年储存成本 $= Q/2 \times (1 - d/p) \times K_c$

存货陆续供应和使用的经济订货量：

$$Q^* = \sqrt{\frac{2KD}{K_c} \times \frac{p}{p - d}}$$

存货陆续供应和使用的经济订货量总成本公式为：

$$TC(Q^*) = \sqrt{2KDK_c\left(1 - \dfrac{d}{p}\right)}$$

项目	基本模型	陆续供货模型
最高库存	Q	$Q \times (1 - d/p)$
平均库存	$Q/2$	$Q/2 \times (1 - d/p)$
经济订货批量	$\sqrt{2 \times KD/K_c}$	$\sqrt{\dfrac{2KD}{K_c(1 - d/p)}}$
最小相关成本	$\sqrt{2KDK_c}$	$\sqrt{2KDK_c(1 - d/p)}$

3. 保险储备

（1）保险储备的含义。

为防止缺货造成的损失，就需要多储备一些存货以备应急之需，称为保险储备。

（2）考虑保险储备的再订货点。

再订货点 = 预计交货期内的需求 + 保险储备

（3）合理保险储备的确定。

最佳保险储备确定的原则：使缺货损失和保险储备的储存成本之和达到最低。

学习心得

【要点 15】 短期借款（掌握）

1. 信贷限额与周转信贷协定的区别

条件	含义	需注意的问题
信贷限额	即贷款限额，是借款企业与银行在协议中规定的借款最高限额	（1）无法律效应，银行并不承担必须提供全部信贷数额的义务； （2）信贷额度的有效期限通常为 1 年
周转信贷协定	银行具有法律义务的承诺提供不超过某一最高限额的贷款协定	（1）有法律效应，银行必须满足企业不超过最高限额的借款； （2）周转信贷协定的有效期常超过 1 年，但实际上贷款每几个月发放一次，所以这种信贷具有短期借款和长期借款的双重特点； （3）贷款限额未使用的部分，企业需要支付承诺费

2. 补偿性余额条件下实际利率的确定

条件	含义	需注意的问题
补偿性余额	银行要求借款企业保持按贷款限额或实际借款额一定百分比的最低存款额	会提高借款的实际利率

$$实际利率 = \frac{实际支付的年利息}{实际可用的借款额}$$

3. 偿还条件的选择

偿还方式	对借款利率的影响
到期一次偿还	无
在贷款期内定期等额偿还	会提高借款的实际利率

4. 其他信用条件

信用条件	含义
借款抵押	银行发放贷款时要求企业有抵押品担保
其他承诺	银行有时还要求企业为取得贷款而作出其他承诺

5. 短期借款的成本

短期借款成本主要包括利息、手续费等。短期借款成本的高低主要取决于贷款利率的高低和利息的支付方式。

（1）借款利率。

借款利率种类	概念
优惠利率	优惠利率是银行向财力雄厚、经营状况良好的企业贷款时采用的利率，为贷款利率的最低限
浮动优惠利率	浮动优惠利率是一种随其他短期利率的变动而浮动的优惠利率，即随市场条件的变化而随时调整变化的优惠利率

续表

借款利率种类	概念
非优惠利率	非优惠利率是银行贷款给一般企业时收取的高于优惠利率的利率。这种利率通常在优惠利率的基础上加一定的百分比。非优惠利率与优惠利率之间差距的大小，由借款企业的信誉、与银行的往来关系及当时的信贷状况所决定

（2）付息方式。

付息方式	付息特点	含义	实际利率与名义利率的关系
收款法	利随本清	借款到期时向银行支付利息	实际利率 = 名义利率
贴现法（折价法）	预扣利息	即银行向企业发放贷款时，先从本金中扣除利息，而到期时借款企业再偿还全部本金的方法	实际利率 > 名义利率

付息方式	付息特点	含义	实际利率与 名义利率的关系
加息法	分期等额 偿还本息	加息法是银行发放分期等额偿还贷款 时采用的利息收取方法	实际利率 = 2 × 名义利率

通用公式为：

$$实际利率 = \frac{年利息}{实际可用借款额} \times 100\%$$

学习心得 --

【要点16】商业信用的决策（熟悉）

决策指标：

$$放弃折扣的信用成本率 = \frac{折扣百分比}{1 - 折扣百分比} \times \frac{360 天}{付款期（信用期）- 折扣期}$$

放弃现金折扣的信用成本率大于短期借款利率（或短期投资报酬率），应选择享受折扣，即在折扣期内付款；

放弃现金折扣的信用成本率小于短期借款利率（或短期投资报酬率），应选择放弃折扣，即在信用期付款。

学习心得

第八章　成本管理

☞ 掌握成本管理的目标

☞ 掌握成本管理的主要内容

☞ 掌握本量利分析的含义与基本原理，盈亏平衡分析，目标利润分析，敏感性分析，边际分析

☞ 掌握本量利分析在经营决策中的应用

☞ 掌握标准成本的制定及成本差异的计算与分析

☞ 熟悉成本管理的原则

☞ 熟悉本量利分析的基本假设与优缺点

☞ 熟悉作业成本法的应用目标和应用程序及作业成本管理

☞ 熟悉责任中心及其考核

【要点 1】成本管理概述（掌握）

项目	说明
成本管理的意义	（1）通过成本管理降低成本，为企业扩大再生产创造条件； （2）通过成本管理增加企业利润，提高企业经济效益； （3）通过成本管理帮助企业取得竞争优势，增强企业的竞争能力和抗风险能力
成本管理的目标	总体目标：服从于企业的整体经营目标。 具体目标：对总体目标的进一步细分，主要包括成本计算的目标和成本控制的目标
成本管理的原则	（1）融合性原则； （2）适应性原则； （3）成本效益原则； （4）重要性原则

项目		说明
成本管理的主要内容	成本预测	成本预测是进行成本管理的第一步，也是组织成本决策和编制成本计划的前提
	成本决策	成本决策不仅是成本管理的重要职能，还是企业营运决策体系中的重要组成部分
	成本计划	成本计划属于成本的事前管理，是企业营运管理的重要组成部分
	成本控制	成本控制的关键是选取适用于本企业的成本控制方法，它决定着成本控制的效果
	成本核算	成本核算分为财务成本核算和管理成本核算；成本核算的精度与企业发展战略相关，成本领先战略对成本核算精度的要求比差异化战略要高

续表

项目		说明
成本管理的主要内容	成本分析	成本分析是成本管理的重要组成部分； 成本分析的方法主要有对比分析法、连环替代法和相关分析法等
	成本考核	成本考核的关键是评价指标体系的选择和评价结果与约束激励机制的衔接

提示　成本分析贯穿于成本管理的全过程，成本预测、成本决策与成本计划在战略上对成本核算、成本控制、成本分析和成本考核进行指导，成本预测、成本决策与成本计划的变动是企业外部经济环境和企业内部竞争战略变动的结果，而成本控制、成本核算、成本分析和成本考核则通过成本信息的流动互相联系。

【要点 2】本量利分析概述（掌握）

项目	说明
含义	本量利分析，简称 CVP 分析（Cost – Volume – Profit Analysis），是指以成本性态分析和变动成本法为基础，运用数学模型和图式，对成本、利润、业务量与单价等因素之间的依存关系进行分析，发现变动的规律性，为企业进行预测、决策、计划和控制等活动提供支持的一种方法
适用范围	运用本量利分析可以预测在盈亏平衡、保利条件下应实现的销售量或销售额；与风险分析相结合，可以为企业提供降低经营风险的方法和手段，以保证企业实现既定目标；与决策分析相联系，可以用于企业进行有关的生产决策、定价决策和投资项目的可行性分析，为全面预算、成本控制、责任会计应用等提供理论准备
基本假设	（1）总成本由变动成本和固定成本两部分组成。 该假设要求企业所发生的全部成本可以按其性态区分为变动成本和固定成本，并且变动成本总额与业务量呈正比例变动，固定成本总额保持不变。在进行本量利分析时，通常是依据业务量来规划目标利润。因为影响利润的诸因素中，除业务量外，销售单价通常受市场供求关系的影响，而成本则是企业内部可以控制的因素。在相关范围内，固定成本总额和单位变动成本通常是与业务量大小无关的

续表

项目	说明
基本假设	（2）**销售收入与业务量呈完全线性关系。** 该假设要求销售收入必须随业务量的变化而变化，两者之间应保持完全线性关系。因此，当销售量在相关范围内变化时，产品的单价不会发生变化。而在现实中，销售收入是随着销售量的增长而增长的，但是随着销售量的进一步增长，销售收入的增长速度会放慢。这主要是因为扩大销售量，通常需要通过降价才能实现
	（3）**产销平衡。** 假设当期产品的生产量与业务量相一致，不考虑存货变动对利润的影响。即假定每期生产的产品总量总是能在当期全部售出，产销平衡。假设产销平衡，主要是在盈亏平衡分析时不考虑存货的影响。因为盈亏平衡分析是一种短期决策，仅仅考虑特定时期全部成本的收回，而存货中包含了以前时期的成本，所以不在考虑范围之内
	（4）**产品产销结构稳定。** 假设同时生产销售多种产品的企业，其销售产品的品种结构不变，即在一个生产与销售多种产品的企业，以价值形式表现的产品的产销总量发生变化时，原来各产品的产销额在全部产品的产销额中所占的比重不会发生变化。这是因为在产销多种产品的情况下，盈亏平衡点会受到多种产品贡献和产销结构的影响，只有在产销结构不变的基础上进行的盈亏平衡分析才是有效的

【要点3】本量利分析的基本原理及优缺点（掌握）

项目	说明
基本公式	利润＝销售收入－总成本 　　　＝销售收入－（变动成本＋固定成本） 　　　＝销售量×单价－销售量×单位变动成本－固定成本 　　　＝销售量×（单价－单位变动成本）－固定成本
说明	这个公式是明确表达本量利之间数量关系的基本关系式，它含有五个相互联系的变量，给定其中四个变量，便可求出另外一个变量的值。本量利分析的基本原理就是在假设单价、单位变动成本和固定成本为常量以及产销一致的基础上，将利润、销售量分别作为因变量与自变量，给定销售量，便可以求出其利润，或者给定目标利润，计算出目标销售量
优点	可以广泛应用于规划企业经济活动和营运决策等方面，简便易行，通俗易懂且容易掌握
缺点	本量利分析仅考虑单因素变化的影响，是一种静态分析方法，且对成本性态较为依赖

【要点4】盈亏平衡分析（掌握）

项目	说明
概念	所谓盈亏平衡分析（也称保本分析），是指分析、测定盈亏平衡点，以及有关因素变动对盈亏平衡点的影响等，是本量利分析的核心内容
原理	通过计算企业在利润为零时处于盈亏平衡的业务量，分析项目对市场需求变化的适应能力等。企业的业务量等于盈亏平衡点的业务量时，企业处于盈亏平衡状态；企业的业务量高于盈亏平衡点的业务量时，企业处于盈利状态；企业的业务量低于盈亏平衡点的业务量时，企业处于亏损状态
分类	单一产品的盈亏平衡分析
	产品组合的盈亏平衡分析

【要点5】单一产品盈亏平衡分析（掌握）

项目	说明
盈亏平衡点的含义	盈亏平衡点（又称保本点），是指企业达到盈亏平衡状态的业务量或销售额，即企业一定时期的总收入等于总成本、利润为零时的业务量或销售额
盈亏平衡点的销售额计算公式	盈亏平衡点的销售额＝盈亏平衡点的业务量×单价 　　　　　　　　＝固定成本÷（1－变动成本率） 　　　　　　　　＝固定成本÷边际贡献率
降低盈亏平衡点的途径	（1）降低固定成本总额； （2）降低单位变动成本； （3）提高销售单价

续表

项目		说明
盈亏平衡作业率	含义	盈亏平衡作业率，是指盈亏平衡点的业务量（或销售额）占正常经营情况下的业务量（或销售额）的百分比，或者是盈亏平衡点的业务量（或销售额）占实际或预计业务量（销售额）的百分比
	计算公式	$\text{盈亏平衡作业率} = \dfrac{\text{盈亏平衡点的业务量}}{\text{正常经营业务量（实际业务量或预计业务量）}} \times 100\%$ $= \dfrac{\text{盈亏平衡点的销售额}}{\text{正常经营销售额（实际销售额或预计销售额）}} \times 100\%$
	意义	由于企业通常应该按照正常的销售量来安排产品的生产，在合理库存的条件下，产品生产量与正常的销售量应该大体相同。所以，该指标也可以提供企业在盈亏平衡状态下对生产能力利用程度的要求

【要点6】本量利关系图（掌握）

1. 传统式本量利关系图

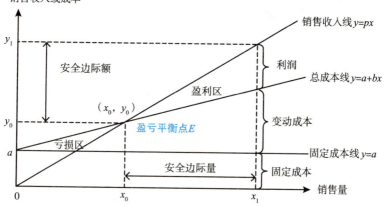

提示　传统式本量利关系图表达的意义有：

（1）固定成本与横轴之间的区域为固定成本值，它不因产量增减而变动，总成本线与固定成本线之间的区域为变动成本，与产量呈正比例变化。

（2）销售收入线与总成本线的交点是盈亏平衡点，通过图示可以直观地看出盈亏平衡点的销售量和盈亏平衡点的销售额。

（3）在盈亏平衡点以上的总收入线与总成本线相夹的区域为盈利区，盈亏平衡点以下的总收入线与总成本线相夹的区域为亏损区。因此，只要知道销售数量或销售金额信息，就可以在图上判明该销售状态下的结果是亏损还是盈利，直观方便，易于理解。

2. 边际贡献式的本量利关系图

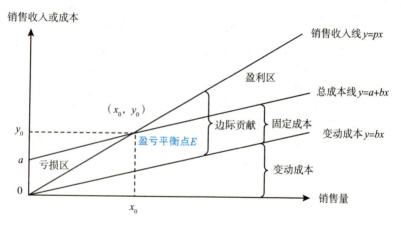

提示　边际贡献式本量利关系图主要反映销售收入减去变动成本后形成的边际贡献，而边际贡献在弥补固定成本后形成利润。此图的主要优点是可以表示边际贡献的数值。边际贡献随销量增加而扩大，当其达到固定成本值时（即在盈亏平衡点），企业处于盈亏平衡状态；当边际贡献超过固定成本后企业进入盈利状态。

学习心得

----

3. 利量式本量利关系图

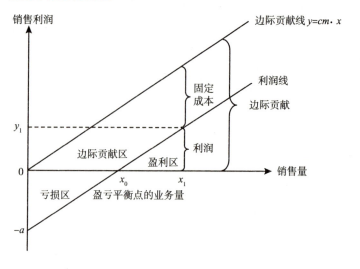

提示　利量式本量利关系图是反映利润与销售量之间依存关系的图形。在直角坐标系中，以横轴代表销售量，以纵轴代表利润（或亏损）。在纵轴原点以下部分找到与固定成本总额相等的点（0，-固定成本数值），该点表示销售量等于零时，亏损额等于固定成本；从点（0，-固定成本数值）出发画出利润线，该线的斜率是单位边际贡献；利润线与横轴的交点即为盈亏平衡点的销售量。

学习心得

【要点7】产品组合盈亏平衡分析（掌握）

方法	含义	处理方法
加权平均法	加权平均法是指在掌握每种单一产品的边际贡献率的基础上，按各种产品销售额的比重进行加权平均，据以计算综合边际贡献率，从而确定多产品组合的盈亏平衡点	某种产品的销售额权重＝该产品的销售额÷各种产品的销售额合计 盈亏平衡点的销售额＝固定成本÷（1－综合变动成本率） 综合边际贡献率＝$\sum$（某种产品的销售额权重×该种产品的边际贡献率） 或：盈亏平衡点的销售额＝固定成本÷综合边际贡献率 综合边际贡献率＝1－综合变动成本率
联合单位法	联合单位法是指在事先确定各种产品间产销实物量比例的基础上，将各种产品产销实物量的最小比例作为一个联合单位，确定每一联合单位的单价、单位变动成本，进行本量利分析的一种分析方法	联合盈亏平衡点的业务量＝固定成本总额÷（联合单价－联合单位变动成本） 某产品盈亏平衡点的业务量＝联合盈亏平衡点的业务量×一个联合单位中包含的该产品的数量

续表

方法	含义	处理方法
分算法	分算法是在一定的条件下,将全部固定成本按一定标准在各种产品之间进行合理分配,确定每种产品应补偿的固定成本数额,然后再对每一种产品按单一品种条件下的情况分别进行本量利分析的方法	该方法的关键是要合理地进行固定成本的分配。在分配固定成本时,对于专属于某种产品的固定成本应直接计入该产品的固定成本;对于应由多种产品共同负担的公共性固定成本,则应选择适当的分配标准(如销售额、边际贡献、工时、产品重量、长度、体积等)在各产品之间进行分配
主要产品法	在企业产品品种较多的情况下,如果存在一种产品是主要产品,它提供的边际贡献占企业边际贡献总额的比重较大,则可以按该主要品种的有关资料进行本量利分析,视同于单一品种	确定主要品种应以边际贡献为标准,并只能选择一种主要产品。主要产品法的依据是:固定成本应主要由该产品负担

【要点8】目标利润分析（掌握）

项目	说明
基本原理	在本量利分析方法的基础上，计算为达到目标利润所需的业务量、收入和成本的一种利润规划方法： 目标利润 =（单价 – 单位变动成本）× 销售量 – 固定成本 实现目标利润销售量 =（固定成本 + 目标利润）÷（单价 – 单位变动成本） 实现目标利润销售额 =（固定成本 + 目标利润）÷ 边际贡献率 或：实现目标利润销售额 = 实现目标利润销售量 × 单价
实现目标利润的措施	目标利润是本量利分析的核心要素，它既是企业经营的动力和目标，也是本量利分析的中心。 通常情况下，企业要实现目标利润，在其他因素不变时，应当提高销售量或销售价格，或降低固定成本或单位变动成本

> **提示** 目标利润分析公式中的目标利润一般是指息税前利润。其实，从税后利润来进行目标利润的规划和分析，更符合企业营运的需要。如果企业预测的目标利润是税后利润，则上述公式应作如下调整。
>
> 由于：税后利润 =（息税前利润 − 利息）×（1 − 所得税税率）
>
> 因此，
>
> $$实际目标利润的销售量 = \frac{固定成本 + \dfrac{税后目标利润}{1 - 所得税税率} + 利息}{单位边际贡献}$$
>
> $$实际目标利润的销售额 = \frac{固定成本 + \dfrac{税后目标利润}{1 - 所得税税率} + 利息}{边际贡献率}$$

【要点9】敏感性分析（掌握）

项目	说明
基本原理	在计算盈亏平衡点时，假定单价、固定成本、单位变动成本等诸多因素均不变动，但实际上，这种静态平衡不可能维持很久，这些因素也往往会发生变化，如价格波动、成本升降等。所谓敏感性分析，就是研究本量利分析中影响利润的诸因素发生微小变化时对利润的影响方向和程度
基本内容	**各因素对利润的影响程度** 各相关因素变化都会引起利润的变化，但其影响程度各不相同。如有些因素虽然只发生了较小的变动，却导致利润较大的变动，利润对这些因素的变化十分敏感，称这些因素为敏感因素。与此相反，有些因素虽然变动幅度较大，却有可能只对利润产生较小的影响，称为不敏感因素。反映各因素对利润敏感程度的指标为利润的敏感系数，其计算公式为： 敏感系数 = 利润变动百分比 ÷ 因素变动百分比

续表

项目		说明
基本内容	目标利润要求变化时允许各因素的升降幅度	当目标利润有所变化时，只有通过调整各因素现有水平才能达到目标利润变动的要求。因此，对各因素允许升降幅度的分析，实质上是各因素对利润影响程度分析的反向推算，在计算上表现为敏感系数的倒数

提示

  将四个因素按敏感系数的绝对值排列，其顺序依次是单价、单位变动成本、销售量、固定成本。也就是说，对利润影响程度最大的因素是单价，然后是单位变动成本、销售量和固定成本。上述各因素敏感系数的排序是在例题所设定的条件下得到的，如果条件发生变化，各因素敏感系数的排序也可能发生变化。

【要点 10】边际分析（掌握）

1. 边际贡献分析

项目	内容
边际贡献分析的含义	边际贡献分析，是指通过分析销售收入减去变动成本总额之后的差额，衡量产品为企业贡献利润的能力
边际贡献	**边际贡献总额** = 销售收入 - 变动成本总额 = 销售量 × 单位边际贡献 = 销售收入 × 边际贡献率 **单位边际贡献** = 单价 - 单位变动成本 = 单价 × 边际贡献率

续表

项目	内容
边际贡献率	边际贡献率 $= \dfrac{\text{边际贡献总额}}{\text{销售收入}} \times 100\%$ $= \dfrac{\text{单位边际贡献}}{\text{单价}} \times 100\%$ 变动成本率 $= \dfrac{\text{变动成本总额}}{\text{销售收入}} \times 100\%$ 边际贡献率 $= 1 - $ 变动成本率
利润、边际贡献及固定成本之间的关系	利润 $=$ 边际贡献 $-$ 固定成本 $=$ 销售量 $\times$ 单位边际贡献 $-$ 固定成本 $=$ 销售收入 $\times$ 边际贡献率 $-$ 固定成本

2. 安全边际分析

项目	内容
安全边际的含义	安全边际，是指实际销售量（销售额）或预期销售量（销售额）超过盈亏平衡点销售量（销售额）的差额，体现企业营运的安全程度。它表明销售量、销售额下降多少，企业仍不至于亏损
安全边际分析的含义	安全边际分析，是指通过分析正常销售量（销售额）超过盈亏平衡点销售量（销售额）的差额，衡量企业在盈亏平衡的前提下，能够承受因销售量（销售额）下降带来的不利影响的程度和企业抵御营运风险的能力
安全边际分析的指标	**安全边际**　安全边际 = 实际销售量（销售额）或预期销售量（销售额）- 盈亏平衡点的销售量（销售额） **安全边际率**　$安全边际率 = \dfrac{安全边际}{实际销售量（销售额）或预期销售量（销售额）} \times 100\%$
适用情况	安全边际主要用于衡量企业承受营运风险的能力，尤其是销售量（销售额）下降时承受风险的能力，也可以用于盈利预测。 通常采用安全边际率这一指标来评价企业经营是否安全

提示　下表为安全边际率与评价企业经营安全程度的一般性标准，该标准可以作为企业评价经营安全与否的参考。

企业经营安全程度一般性标准

安全边际率	40%以上	30%～40%	20%～30%	10%～20%	10%以下
经营安全程度	很安全	安全	较安全	值得注意	危险

3. 盈亏平衡作业率与安全边际率的关系

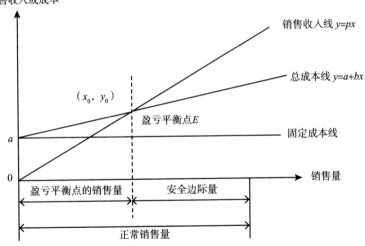

盈亏平衡点的销售量＋安全边际量＝实际销售量

盈亏平衡作业率＋安全边际率＝1

利润＝边际贡献－固定成本

　　　＝销售收入×边际贡献率－盈亏平衡点的销售额×边际贡献率

利润＝安全边际额×边际贡献率

销售利润率＝安全边际率×边际贡献率

提示

　　要提高企业的销售利润率水平主要有两种途径：一是扩大现有销售水平，提高安全边际率；二是降低变动成本水平，提高边际贡献率。

　　边际分析方法的主要优点：可有效分析业务量、变动成本和利润之间的关系，通过定量分析，直观地反映企业营运风险，促进提高企业营运效益。

　　主要缺点：决策变量与相关结果之间关系较为复杂，所选取的变量直接影响边际分析的实际应用效果。

【要点11】本量利分析在经营决策中的应用（掌握）

项目	内容
产品生产和定价决策	首先要预测盈亏平衡点，超过盈亏平衡点再扩大销售量或增加销售额
生产工艺设备的选择	考虑哪个方案能为企业提供更多的边际贡献，最大程度上弥补发生的固定成本
新产品投产的选择	—

【要点12】标准成本控制与分析的相关概念（掌握）

项目	内容	
含义	标准成本，是指在正常的生产技术水平和有效的经营管理条件下，企业经过努力应达到的产品成本水平	
分类	理想标准成本	这是一种理论标准，它是指在现有条件下所能达到的最优成本水平，即在生产过程无浪费、机器无故障、人员无闲置、产品无废品等假设条件下制定的成本标准
	正常标准成本	在正常情况下，企业经过努力可以达到的成本标准，这一标准考虑了生产过程中不可避免的损失、故障、偏差等
主要目标	通过标准成本与实际成本的比较，揭示与分析标准成本与实际成本之间的差异，并按照例外管理的原则，对不利差异予以纠正，以提高工作效率，不断改善产品成本	

【要点 13】标准成本控制与分析（掌握）

标准成本法的流程一般应包括如下五个步骤：确定应用对象、制定标准成本、实施过程控制、成本差异计算与动因分析以及标准成本的修订与改进。

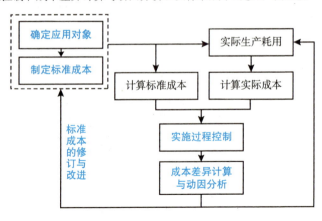

标准成本法的主要优点：一是能够及时反馈各成本项目不同性质的差异，有利于考核相关部门及人员的业绩；二是标准成本的制定及其差异和动因的信息可以使企业预算编制更为科学和可行，有助于企业的经营决策。

标准成本法的主要缺点：一是要求企业产品的成本标准比较准确、稳定，在使用条件上存在一定的局限性；二是对标准管理水平较高，系统维护成本较高；三是标准成本需要根据市场价格波动频繁更新，导致成本差异可能缺乏可靠性，降低成本控制效果。

【要点 14】 标准成本的制定 （掌握）

产品的标准成本 = 直接材料标准成本 + 直接人工标准成本 + 制造费用标准成本

项目	公式
直接材料	直接材料标准成本 = $\sum$ （单位产品的材料标准用量 × 材料的标准单价）
直接人工	直接人工标准成本 = 单位产品的标准工时 × 小时标准工资率 小时标准工资率 = $\dfrac{标准工资总额}{标准总工时}$
制造费用	标准制造费用分配率 = $\dfrac{标准制造费用总额}{标准总工时}$ 制造费用标准成本 = 工时用量标准 × 标准制造费用分配率

提示 制造费用的标准成本应区分变动制造费用项目和固定制造费用项目分别进行。前者随着产量的变动而变动；后者相对固定，不随产量波动。所以，制定

制造费用标准时，也应分别制定变动制造费用和固定制造费用的标准成本。

制造费用成本标准的制定

制造费用的分类	含义	内容		计算公式
变动制造费用	通常随产量变化而呈正比例变化的制造费用	标准用量	单位产量的燃料、动力、辅助材料等标准用量，也可以是产品的直接人工标准工时，或者是单位产品的标准机器工时	变动制造费用项目标准成本＝变动制造费用项目的标准用量×变动制造费用项目的标准价格
		标准价格	燃料、动力、辅助材料等标准价格，也可以是小时标准工资率等	

制造费用的分类	含义	内容	计算公式
固定制造费用	在一定产量范围内，其费用总额不会随产量变化而变化，始终保持固定不变的制造费用	固定制造费用标准，一般由财务部门负责，会同采购、生产、技术、营销、财务、人事、信息等有关部门，按照以下步骤进行： (1) 依据固定制造费用的不同构成项目的特性，会充分考虑产品的现有生产能力、管理部门的决策以及费用预算等，测算确定各固定制造费用构成项目的标准成本。 (2) 通过汇总各固定制造费用项目的标准成本，得到固定制造费用的标准总成本。 (3) 确定固定制造费用的标准分配率，标准分配率可根据固定制造费用标准总成本与预算总工时的比率进行确定	固定制造费用项目标准成本＝固定制造费用项目预算 固定制造费用总成本＝∑固定制造费用项目标准成本 固定制造费用标准分配率＝固定制造费用标准总成本÷预算总工时 固定制造费用标准成本＝单位产品工时标准×固定制造费用标准分配率

【要点 15】成本差异的计算及分析概述（掌握）

项目	内容
含义	成本差异，是指实际成本与相应标准成本之间的差额
基本公式	总差异 = 实际产量下实际成本 − 实际产量下标准成本 　　　　= 实际用量×实际价格 − 实际产量下标准用量×标准价格 　　　　=（实际用量 − 实际产量下标准用量）×标准价格 + 实际用量 　　　　　×（实际价格 − 标准价格） 　　　　= 用量差异 + 价格差异 用量差异 =（实际用量 − 实际产量下标准用量）×标准价格 价格差异 = 实际用量×（实际价格 − 标准价格）
类型	（1）当实际成本高于标准成本时，形成超支差异； （2）当实际成本低于标准成本时，形成节约差异

【要点 16】变动成本差异（掌握）

项目	计算分析
直接材料成本差异	直接材料数量差异 =（实际用量 – 实际产量下标准用量）× 标准单价 直接材料价格差异 = 实际用量 ×（实际单价 – 标准单价） 直接材料成本差异 = 直接材料数量差异 + 直接材料价格差异
直接人工成本差异	直接人工效率差异 =（实际工时 – 实际产量下标准工时）× 标准工资率 直接人工工资率差异 = 实际工时 ×（实际工资率 – 标准工资率） 直接人工成本差异 = 直接人工工资率差异 + 直接人工效率差异
变动制造费用成本差异	变动制造费用效率差异 =（实际工时 – 实际产量下标准工时） 　　　　　　　　　　　× 变动制造费用标准分配率 变动制造费用耗费差异 = 实际工时 ×（变动制造费用实际分配率 　　　　　　　　　　　– 变动制造费用标准分配率） 变动制造费用成本差异 = 变动制造费用效率差异 + 变动制造费用耗费差异

提示　（1）直接材料的耗用量差异形成的原因是多方面的，有生产部门原因，也有非生产部门原因。如产品设计结构、原料质量、工人的技术熟练程度、废品率的高低等，都会导致材料耗用量的差异。材料耗用量差异的责任需要通过具体分析才能确定，但主要应由生产部门承担。

材料价格差异的形成受各种主客观因素的影响，较为复杂，如市场价格、供货厂商、运输方式、采购批量等的变动，都可能导致材料的价格差异。但由于它与采购部门的关系更为密切，所以其差异应主要由采购部门承担责任。

（2）直接人工效率差异是用量差异，其形成原因也是多方面的，工人技术状况、工作环境和设备条件的好坏等，都会影响效率的高低，但其主要责任还是在生产部门。

工资率差异是价格差异，其形成原因比较复杂，工资制度的变动、工人的升降级、加班或临时工的增减等都将导致工资率差异。因此，这种差异的责任应由劳动人事部门承担。

【要点17】 固定制造费用成本差异 (掌握)

项目	内容
计算公式	固定制造费用项目成本差异＝固定制造费用项目实际成本－固定制造费用项目标准成本＝实际工时×实际分配率－实际产量下标准工时×标准分配率 其中，标准分配率＝固定制造费用标准成本总额 (预算总额)÷预算总工时
两差异分析法	耗费差异＝实际固定制造费用－标准工时×预算产量×标准分配率 能量差异＝(预算产量下标准工时－实际产量下标准工时)×标准分配率
三差异分析法	耗费差异＝实际固定制造费用－预算产量下标准工时×标准分配率 产量差异＝(预算产量下标准工时－实际产量下实际工时)×标准分配率 效率差异＝(实际产量下实际工时－实际产量下标准工时)×标准分配率

提示　　由于固定制造费用相对固定，实际产量与预算产量的差异会对单位产品所应承担的固定制造费用产生影响，所以，固定制造费用成本差异的分析有其特殊性，分为两差异分析法和三差异分析法。

简便记忆图如下：

【要点 18】作业成本法（熟悉）

项目	内容
相关概念	（1）资源费用——企业在一定期间内开展经济活动所发生的各项资源耗费； （2）作业——企业基于特定目的重复执行的任务或活动； （3）成本对象——企业追溯或分配资源费用、计算成本的对象物； （4）成本动因——指诱导成本发生的原因； （5）作业中心——构成一个业务过程的相互联系的作业集合，用来汇集业务过程及其产出的成本
应用目标	通过追踪所有资源费用到作业，然后再到流程、产品、分销渠道或客户等成本对象，提供全口径、多维度的更加准确的成本信息； 通过作业认定、成本动因分析以及对作业效率、质量和时间的计量，更真实地揭示资源、作业和成本之间的联动关系，为资源的合理配置以及作业、流程和作业链（或价值链）的持续优化提供依据； 通过作业成本法提供的信息及其分析，为企业更有效地开展规划、决策、控制、评价等各种管理活动奠定坚实基础

续表

项目	内容
应用程序	（1）资源识别及资源费用的确认与计量； （2）成本对象的选择； （3）作业认定； （4）作业中心设计； （5）资源动因的选择与计量； （6）作业成本汇集； （7）作业动因的选择与计量； （8）作业成本分配； （9）作业成本信息报告
主要优点	（1）能够提供更加准确的各维度成本信息，有助于企业提高产品定价、作业与流程改进、客户服务等决策的准确性； （2）改善和强化成本控制，促进绩效管理的改进和完善； （3）推进作业基础预算，提高作业、流程、作业链（或价值链）管理的能力
主要缺点	部分作业的识别、划分、合并与认定，成本动因的选择以及成本动因计量方法的选择等均存在较大的主观性，操作较为复杂，开发和维护费用较高

【要点 19】作业成本管理（熟悉）

项目	内容	
含义	作业成本管理是基于作业成本法，以提高客户价值、增加企业利润为目的的一种新型管理方法。它通过对作业及作业成本的确认、计量，最终计算产品成本，同时将成本计算深入到作业层次，对企业所有作业活动进行追踪并动态反映	
维度	成本分配观	成本分配是从资源到作业，再从作业到成本对象，而这一流程正是作业成本计算的核心
	流程观	关注的是确认作业成本的根源、评价已经完成的工作和已实现的结果。企业利用这些信息，可以改进作业链，提高从外部顾客获得的价值

项目		内容
流程价值分析	成本动因分析	要进行作业成本管理，必须找出导致作业成本发生的动因
	作业分析	**增值作业** 一项作业必须同时满足下列**三个条件**才可断定为增值作业： （1）该作业**导致了状态的改变**； （2）**该状态的变化不能由其他作业来完成**； （3）该作业**使其他作业得以进行**
		非增值作业 如果一项作业不能同时满足增值作业的三个条件，就可断定其为非增值作业
	作业业绩考核	实施作业成本管理，其目的在于找出并消除所有非增值作业，提高增值作业的效率，削减非增值成本

提示　流程价值分析关心的是作业的责任，包括成本动因分析、作业分析和业绩考核三个部分。其基本思想是：以作业来识别资源，将作业分为增值作业和非增值作业，并把作业和流程联系起来，确认流程的成本动因，计量流程的业绩，从而促进流程的持续改进。

在区分了增值成本与非增值成本之后，企业要尽量消除或减少非增值成本，最大化利用增值作业，以减少不必要的耗费，提升经营效率。作业成本管理中进行成本节约的途径，主要有以下四种形式：

(1) 作业消除，是指消除非增值作业，降低非增值成本。

(2) 作业选择，是指对所有能够达到同样目的的不同作业，选取其中最佳的方案。

(3) 作业减少，是指以不断改进的方式降低作业消耗的资源或时间。

(4) 作业共享，是指利用规模经济来提高增值作业的效率。

【要点 20】责任中心及其考核（熟悉）

1. 成本中心

项目	内容
特点	不考核收入，只考核成本； 只对可控成本（可预见、可计量、可调节和控制）负责，不负责不可控成本； 责任成本是成本中心考核和控制的主要内容
指标	预算成本节约额 = 实际产量预算责任成本 - 实际责任成本 预算成本节约率 = 预算成本节约额/实际产量预算责任成本×100%

2. 利润中心

项目	内容
特点	既能控制成本，又能控制收入和利润
指标	边际贡献 = 销售收入总额 − 变动成本总额 可控边际贡献 = 边际贡献 − 该中心负责人可控固定成本 部门边际贡献 = 可控边际贡献 − 该中心负责人不可控固定成本

3. 投资中心

项目	内容
特点	既能控制成本、收入和利润，又能对投入的资金进行控制
指标	（1）投资收益率 = 息税前利润/平均经营资产 平均经营资产 = （期初经营资产 + 期末经营资产）/2 （2）剩余收益 = 息税前利润 − 平均经营资产×最低投资收益率

第九章 收入与分配管理

☞ 掌握收入与分配管理的原则和内容
☞ 掌握销售预测分析方法和产品定价方法
☞ 熟悉股利政策和利润分配制约因素
☞ 熟悉纳税管理
☞ 熟悉企业的定价目标

【要点1】收入与分配管理的原则和内容（掌握）

项目	说明
意义	集中体现了企业所有者、经营者与劳动者之间的利益关系；是企业维持简单再生产和实现扩大再生产的基本条件；是企业优化资本结构、降低资本成本的重要措施；是国家财政资金的重要来源之一
原则	依法分配原则、分配与积累并重原则、兼顾各方利益原则、投资与收入对等原则
内容	企业通过销售产品、转让资产、对外投资等活动取得收入，而这些收入的去向主要是两个方面：一是弥补成本费用；二是形成利润

【要点2】净利润的分配顺序（掌握）

1. 弥补以前年度亏损

2. 提取法定公积金

法定公积金的提取比例为当年税后利润（弥补亏损后）的 10%。当年法定公积金的累计额已达注册资本的 50% 时，可以不再提取。法定公积金提取后，可用于弥补亏损或转增资本，但企业用法定公积金转增资本后，法定公积金的余额不得低于转增前公司注册资本的 25%。

3. 提取任意公积金

根据《公司法》的规定，公司从税后利润中提取法定公积金后，经股东会决议，还可以从税后利润中提取任意公积金。

4. 向股东（投资者）分配股利（利润）

《公司法》规定，公司持有的本公司股份不得分配利润。

【要点3】销售预测分析（掌握）

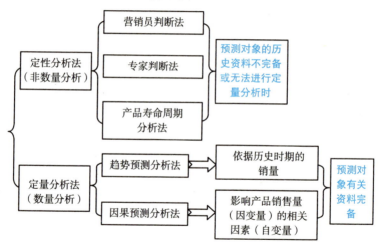

1. 销售预测的定性分析法

方法	内容
营销员判断法（意见汇集法）	是由企业熟悉市场情况及相关变化信息的营销人员对市场进行预测，再将各种判断意见加以综合分析、整理，并得出预测结论的方法。 优点：用时短、成本低、比较实用。 缺点：单纯靠营销人员的主观判断，具有较多的主观因素和较大的片面性
专家判断法	由专家根据他们的经验和判断能力对特定产品的未来销售量进行判断和预测的方法。其主要包括个别专家意见汇集法、专家小组法、德尔菲法等
产品寿命周期分析法	是利用产品销售量在不同寿命周期阶段上的变化趋势，进行销售预测的一种定性分析方法。 产品寿命周期是指产品从投入市场到退出市场所经历的时间，一般要经过推广期、成长期、成熟期和衰退期四个阶段

2. 销售预测的定量分析法

（1）趋势预测分析法。

①算术平均法：

$$Y = \frac{\sum X_i}{n}$$

式中：Y 表示预测值；X_i 表示第 i 期的实际销量；n 表示期数。

适用于每期销售量波动不大的产品的销售预测。

②加权平均法：

$$Y = \sum_{i=1}^{n} w_i x_i$$

提示

权数的选取应遵循"近大远小"的原则。

③移动平均法：

移动平均值 $Y_{n+1} = \dfrac{X_{n-(m-1)} + X_{n-(m-2)} + \cdots + X_{n-1} + X_n}{m}$

修正移动平均法：

修正移动平均值 $\overline{Y}_{n+1} = Y_{n+1} + (Y_{n+1} - Y_n)$

$\qquad\qquad\qquad\quad$ = 本期移动预测值 + (本期移动预测值 – 上期移动预测值)

缺点：只选用了 n 期数据中的最后 m 期作为计算依据进行预测，故而代表性差。

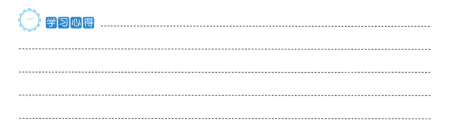

④指数平滑法:

项目	内容
预测原理	指数平滑法实质上是一种加权平均法,是以事先确定的平滑指数 α 及 $(1-\alpha)$ 作为权数进行加权计算,预测销售量的一种方法
计算公式	$Y_{n+1} = aX_n + (1-a)Y_n$ $\qquad = a \times$ 前期实际值 $+ (1-a) \times$ 前期预测值
平滑指数的取值	一般地,平滑指数的取值通常为 $0.3 \sim 0.7$。 a. 采用较大的平滑指数,预测值可以反映样本值新近的变化趋势(在销售量波动较大或进行短期预测时选择); b. 采用较小的平滑指数,则反映了样本值变动的长期趋势(在销售量波动较小或进行长期预测时选择)
特点	该方法运用比较灵活,适用范围较广,但在平滑指数的选择上具有一定的主观随意性

（2）因果预测分析法。

含义：因果预测分析法是指分析影响产品销售量（因变量）的相关因素（自变量）以及它们之间的函数关系，并利用这种函数关系进行产品销售预测的方法。因果预测分析法最常用的是回归分析法。

回归直线法，假定影响预测对象销售量的因素只有一个，根据直线方程式 $y = a + bx$，按照最小二乘法原理，来确定一条误差最小的、能正确反映自变量 x 和因变量 y 之间关系的直线，其常数项 a 和系数 b 的计算公式为：

$$b = \frac{n \sum xy - \sum x \sum y}{n \sum x^2 - (\sum x)^2};$$

$$a = \frac{\sum y - b \sum x}{n}$$

待求出 a、b 的值后，代入 $y = a + bx$，结合自变量 x 的取值，即可求得预测对象 y 的预测销售量或销售额。

【要点4】影响产品价格的因素（掌握）

1. 价值因素
2. 成本因素
3. 市场供求因素
4. 竞争因素
5. 政策法规因素

【要点5】企业的定价目标（熟悉）

目标	特点	适用性
实现利润最大化	这种目标通常是通过为产品制定一个较高的价格，从而提高产品单位利润率，最终实现企业利润最大化	适用于在市场中处于领先或垄断地位的企业，或者在行业竞争中具有很强的竞争优势，并能长时间保持这种优势的企业
保持或提高市场占有率	其产品价格往往需要低于同类产品价格，以较低的价格吸引客户，逐步扩大市场份额，但在短期内可能要牺牲一定的利润空间	适用于能够薄利多销的企业
稳定市场价格	通常的做法是由行业中的领导企业制定一个价格，其他企业的价格则与之保持一定的比例关系，无论是大企业还是中小企业都不会随便降价	适用于产品标准化的行业，如钢铁制造业等

续表

目标	特点	适用性
应对和避免竞争	企业参照对市场有决定性影响的竞争对手的产品价格变动情况，随时调整本企业产品价格，但企业不会主动调整价格	适用于中小型企业
树立企业形象及产品品牌	以树立企业形象及产品品牌为定价目标，主要有两种情况：一是树立优质高价形象；二是树立大众化平价形象	目标一：吸引某一客户群；目标二：吸引大量的普通消费者

学习心得 ----------------------------------

【要点6】产品定价方法（掌握）

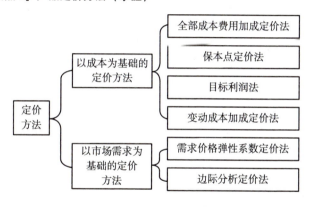

1. 以成本为基础的定价方法

方法		内容
全部成本费用加成定价法	概念	在全部成本费用的基础上，加合理利润来定价。合理利润的确定，在工业企业一般是根据成本利润率，而在商业企业一般是根据销售利润率
	公式	（1）成本利润率定价： $成本利润率 = \dfrac{预测利润总额}{预测成本总额} \times 100\%$ $单位产品价格 = \dfrac{单位成本 \times (1 + 要求的成本利润率)}{1 - 适用税率}$ （2）销售利润率定价： $销售利润率 = \dfrac{预测利润总额}{预测销售总额} \times 100\%$ $单位产品价格 = \dfrac{单位成本}{1 - 销售利润率 - 适用税率}$ 上述公式中，单位成本是指单位全部成本费用，可以用单位制造成本加上单位产品负担的期间费用来确定

续表

方法		内容
保本点定价法	概念	按照刚好能够保本的原理来制定产品销售价格。即能够保持既不盈利也不亏损的销售价格水平，采用这一方法确定的价格是最低销售价格
	公式	$单位产品价格 = \dfrac{单位固定成本 + 单位变动成本}{1 - 适用税率}$ $= \dfrac{单位完全成本}{1 - 适用税率}$
目标利润法	概念	企业在预定时期内应实现的利润水平。目标利润定价法是根据预期目标利润和产品销售量、产品成本、适用税率等因素来确定产品销售价格的方法
	公式	$单位产品价格 = \dfrac{目标利润总额 + 完全成本总额}{产品销量 \times (1 - 适用税率)}$ 或：$= \dfrac{单位目标利润 + 单位完全成本}{1 - 适用税率}$

续表

方法		内容
变动成本 加成定价法	概念	指企业在生产能力有剩余的情况下增加生产一定数量的产品，这些增加的产品可以不负担企业的固定成本，只负担变动成本，在确定价格时产品成本仅以变动成本计算。此处所指变动成本是指完全变动成本，包括变动制造成本和变动期间费用
	公式	单位产品价格 $= \dfrac{\text{单位变动成本} \times (1 + \text{成本利润率})}{1 - \text{适用税率}}$

2. 以市场需求为基础的定价方法

(1) 需求价格弹性系数定价法。

项目		内容
需求价格弹性系数	含义	在其他条件不变的情况下，某种产品的需求量随其价格的升降而变动的程度，就是需求价格弹性系数
需求价格弹性系数	计算公式	$E = \dfrac{\Delta Q / Q_0}{\Delta P / P_0}$
价格确定的计算公式		$P = \dfrac{P_0 Q_0^{(1/|E|)}}{Q^{(1/|E|)}}$

（2）边际分析定价法。

项目	内容
含义	基于微分极值原理，通过分析不同价格与销售量组合下的产品边际收入、边际成本和边际利润之间的关系，进行定价决策的一种定量分析方法
决策原则	边际收入等于边际成本，即边际利润等于零时，利润将达到最大值。此时的价格就是最优销售价格

学习心得 ....

....

....

....

....

【要点7】价格运用策略——折让定价策略（熟悉）

种类	概念
现金折扣	现金折扣是指企业为了提高结算保障，对在一定期限内付款的购买者给予的折扣，即购买方如果在企业规定的期限内付款，企业就给予购买方一定的折扣
数量折扣	数量折扣是指企业对大量购买或集中购买本企业产品的购买方给予的一种折扣优惠。一般购买量越多、金额越大，折扣也越大
团购折扣	团购折扣是指通过团购集合足够人数，便可以优惠价格购买或使用第三方公司的物品、优惠券或服务
预购折扣	预购折扣是指对预先向企业订购或购买产品进行折扣
季节折扣	季节折扣是企业给予非季节性热销商品的购买者提供的一种价格优惠

【要点8】其他价格运用策略（熟悉）

种类	概念	内容
心理定价策略	针对购买者的心理特点而采取的一种定价策略	(1) 有声望定价（利用产品知名度和信任程度）； (2) 尾数定价（取接近整数的小数）； (3) 双位定价（采用两种不同的标价来促销）； (4) 高位定价（价高质优）
组合定价策略	根据相关产品在市场竞争中的不同情况，使互补产品价格有高有低，或使组合售价优惠	(1) 采取降低部分产品价格而提高互补产品价格的定价策略； (2) 具有配套关系的相关产品，可以对组合购买进行优惠
寿命周期定价策略	根据产品从进入市场到退出市场的生命周期，分阶段确定不同价格的定价策略	(1) 推广期：低价促销策略； (2) 成长期：中等价格； (3) 成熟期：高价促销，定价时必须考虑竞争者的情况，以保持现有市场销售量； (4) 衰退期：降价促销或维持现价并辅之以折扣等，同时积极开发新产品

【要点9】纳税管理概念（熟悉）

项目	概念
纳税管理	指企业对其涉税业务和纳税实务所实施的研究和分析、计划和筹划、监控和处理、协调和沟通、预测和报告全过程管理行为
纳税筹划	指在纳税行为发生之前，在不违反税法及相关法律法规的前提下，对纳税主体的筹资、投资、营运及分配行为等涉税事项作出事先安排，以实现企业财务管理目标的一系列谋划活动

学习心得

【要点 10】 纳税筹划的原则 （熟悉）

原则	内容
合法性原则	是纳税筹划必须坚持的首要原则
系统性原则	也称为整体性原则、综合性原则。一方面，要将筹划活动置于财务管理的大系统下，与企业的投资、筹资、营运及分配策略相结合；另一方面，企业需要缴纳的税种之间常常相互关联，一种税的节约可能引起另一种税的增加，纳税筹划要求企业必须从整体角度考虑纳税负担，在选择纳税方法时，要着眼于整体税负的降低
经济性原则	也称成本效益原则。纳税筹划方法的实施，在为企业带来税收利益的同时，必然发行相应的成本支出。企业在进行纳税筹划相关决策时，必须进行成本效益分析，选择净收益最大的方案
先行性原则	是指筹划策略的实施通常在纳税义务发生之前

【要点 11】纳税筹划方法（熟悉）

$$\begin{cases} \text{减少应纳税额} \begin{cases} \text{利用税收优惠政策筹划法} \\ \text{转让定价筹划法} \end{cases} \\ \\ \text{递延纳税：存货计价和固定资产折旧的方法选择等} \end{cases}$$

学习心得 --

【要点 12】企业筹资纳税管理（熟悉）

项目	要点	解释
内部筹资纳税管理	企业通常优先使用内部资金来满足资金需求，内部资金是企业已经持有的资金，并且无须花费筹资费用，与外部股权筹资相比，其资本成本更低；与债务筹资相比，其面临的财务风险更低	从税收角度来看，内部筹资虽然不能减少企业的所得税负担，但若将这部分资金以股利分配的形式发放给股东，股东会承担双重税负；若将这部分资金继续留在企业内部获取投资收益，投资者可以享受递延纳税带来的收益
外部筹资纳税管理	纳税筹划的最终目的是企业财务管理目标的实现而非税负最小化，因此，在进行债务筹资纳税筹划时必须要考虑企业的财务困境成本，选择适当的资本结构	权衡理论认为，有负债企业的价值是无负债企业价值加上抵税收益的现值，再减去财务困境成本的现值。其表达式为： $V_L = V_U + PV(\text{利息抵税}) - PV(\text{财务困境成本})$ 出于财务管理目标的考虑，在采用债务筹资方式筹集资金时，不仅要将资本结构控制在相对安全的范围内，还要确保总资产报酬率（息税前）大于债务利息率

【要点13】 直接对外投资纳税管理 （熟悉）

项目	内容
投资组织形式的纳税筹划	(1) 公司制企业与合伙企业的选择. 公司制企业股东面临双重税收问题，而合伙企业不缴纳企业所得税，只课征各个合伙人分得收益的个人所得税。 (2) 子公司与分公司的选择： 子公司需要独立申报企业所得税，分公司的企业所得税由总公司汇总计算并缴纳
投资行业的纳税筹划	应尽可能选择税收负担较轻的行业。 【提示】对于国家重点扶持的高新技术企业，按15%的税率征收企业所得税；对于创业投资企业进行国家重点扶持和鼓励的投资，可以按投资额的一定比例抵扣应纳税所得额
投资地区的纳税筹划	企业在选择注册地点时，应考虑不同地区的税收优惠政策。 【提示】对设在西部地区属于国家鼓励类产业的企业，在2021年1月1日至2030年12月31日期间，减按15%的税率征收企业所得税

续表

项目	内容
投资收益取得方式的纳税筹划	在选择回报方式时，投资企业可以利用其在被投资企业中的地位，使被投资企业进行现金股利分配，这样可以减少投资企业取得投资收益的所得税税务负担，而企业卖出股份所取得的投资收益则需要缴纳企业所得税。 【提示】根据《企业所得税法》规定，居民企业直接投资于其他居民企业取得股息、红利等权益性投资收益为企业的免税收入，不包括连续持有居民企业公开发行并上市流通的股票不足12个月取得的投资收益

【要点14】企业营运纳税管理（熟悉）

纳税管理环节	方法
采购环节	(1) 增值税纳税人的纳税筹划； (2) 选择供货单位的纳税筹划； (3) 结算方式的纳税筹划； (4) 增值税专用发票管理
生产环节	(1) 存货计价的纳税筹划； (2) 固定资产的纳税筹划； (3) 期间费用的纳税筹划
销售环节	(1) 结算方式的纳税筹划； (2) 促销方式的纳税筹划

【要点 15】增值税纳税人的纳税筹划（熟悉）

项目	内容
增值率的确定	设 X 为增值率，S 为不含税销售额，P 为不含税购进额，假定一般纳税人适用的增值税税率为 a，小规模纳税人的征收率为 b，则： 增值率：$X = (S - P) \div S$ 一般纳税人与小规模纳税人的无差别平衡点的增值率为 b/a
决策原则	若增值率 "X" > "b/a"，选择小规模纳税人较为有利； 若增值率 "X" < "b/a"，选择一般纳税人较为有利； 若增值率 "X" = "b/a"，选择成为一般纳税人或小规模纳税人的应纳增值税额相同

提示　　一般纳税人与小规模纳税人的无差别平衡点的增值率为 b/a，当一般纳税人适用的增值税税率为13%、小规模纳税人增值税的征收率为1%时，所计算出的无差别平衡点增值率为7.69%。若企业的增值率等于7.69%，选择成为一般纳税人或小规模纳税人在税负上没有差别，其应纳增值税额相同。若企业的增值率小于7.69%，选择成为一般纳税人税负较轻；反之，选择小规模纳税人较为有利。

学习心得

【要点 16】 企业利润分配纳税管理和企业重组纳税管理（熟悉）

项目	内容
利润分配纳税管理	（1）所得税纳税管理； （2）股利分配纳税管理：对于不同类型的股东，公司侧重于不同的股利政策，包括基于自然人股东的纳税筹划和基于法人股东的纳税筹划
企业重组纳税管理	（1）企业合并的纳税筹划，包括并购目标企业的选择、并购支付方式纳税筹划； （2）企业分立的纳税筹划，包括分立方式的选择、支付方式的纳税筹划

【要点17】股利分配理论（了解）

核心问题：是股利政策与公司价值的关系问题。

1. **股利无关理论**

公司市场价值的高低，与公司的利润分配政策无关。

建立在完美市场假设前提下：

没有交易成本、没有税、没有筹资费用、投资决策不受股利政策影响、股东对股利收入和资本增值之间无偏好。

2. 股利相关理论

理论	内容
"手中鸟"理论	该理论认为，厌恶风险的投资者偏好确定的股利收益，而不愿将收益留存在公司内部去承担未来的投资风险，因此当公司支付较高的股利时，公司的股票价格会随之上升，公司的价值将得到提高
信号传递理论	该理论认为，在信息不对称的情况下，公司可以通过股利政策向市场传递有关公司未来获利能力的信息，从而会影响公司的股价。 一般来讲，预期未来获利能力强的公司，往往愿意通过相对较高的股利支付水平把自己同预期盈利能力差的公司区别开来，以吸引更多的投资者
所得税差异理论	该理论认为，由于普遍存在的税率以及纳税时间的差异，资本利得收益比股利收益更有助于实现收益最大化目标，公司应当采用低股利政策
代理理论	该理论认为，股利的支付能够有效地降低代理成本。 高水平的股利政策降低了企业的代理成本，但同时增加了外部融资成本，理想的股利政策应当使两种成本之和最小

【要点 18】剩余股利政策（熟悉）

项目	内容
含义	是指公司在有良好的投资机会时，根据目标资本结构，测算出投资所需的权益资本额，先从盈余中留用，然后将剩余的盈余作为股利来进行分配
理论依据	股利无关理论
优点	净利润优先满足再投资权益资金的需要，有助于降低再投资的资金成本，保持最佳的资本结构，实现企业价值的长期最大化
缺点	股利发放额每年随投资机会和盈利水平的波动而波动，不利于投资者安排收入与支出，也不利于公司树立良好的形象
适用范围	一般适用于公司初创阶段

【要点 19】 固定或稳定增长的股利政策 (熟悉)

项目	内容
含义	指公司将每年派发的股利额固定在某一特定水平或是在此基础上维持某一固定比率逐年稳定增长
理论依据	股利相关理论
优点	(1) 有利于树立公司的良好形象，增强投资者对公司的信心，稳定股票价格； (2) 有利于投资者安排收入与支出，有利于吸引那些打算进行长期投资并对股利有很高依赖性的股东
缺点	(1) 股利的支付与企业的盈利相脱节，可能导致企业资金紧缺，财务状况恶化； (2) 在企业无利可分的情况下，若依然实施固定或稳定增长的股利政策，也是违反《公司法》的行为
适用范围	通常适用于经营比较稳定或正处于成长期的企业，且很难被长期采用

【要点 20】 固定股利支付率政策 （熟悉）

项目	内容
含义	指公司将每年净利润的某一固定百分比作为股利分派给股东。这一百分比通常称为股利支付率
理论依据	股利相关理论
优点	（1） 股利的支付与公司盈余紧密地配合； （2） 公司每年按固定的比例从税后利润中支付现金股利，从企业支付能力的角度来看，这是一种稳定的股利政策
缺点	（1） 由收益不稳导致股利的波动所传递的信息，容易成为影响股价的不利因素； （2） 容易使公司面临较大的财务压力； （3） 确定合适的固定股利支付率的难度较大
适用范围	适用于那些处于稳定发展并且财务状况也比较稳定的公司

【要点21】低正常股利加额外股利政策（熟悉）

项目	内容
含义	指公司事先设定一个较低的正常股利额，每年除了按正常股利额向股东发放股利外，还在公司盈余较多、资金较为充裕的年度向股东发放额外股利
理论依据	股利相关理论
优点	（1）赋予公司较大的灵活性，使公司在股利发放上留有余地，并具有较大的财务弹性。公司可根据每年的具体情况，选择不同的股利发放水平，以稳定和提高股价，进而实现公司价值的最大化。 （2）使那些依靠股利度日的股东每年至少可以得到虽然较低但比较稳定的股利收入，从而吸引住这部分股东
缺点	（1）由于各年度之间公司盈利的波动使得额外股利不断变化，造成分派的股利不同，容易给投资者造成收益不稳定的感觉。 （2）当公司在较长时间持续发放额外股利后，可能会被股东误认为"正常股利"，一旦取消，传递出的信号可能会使股东认为这是公司财务状态恶化的表现，进而导致股价下跌
适用范围	对那些盈利随着经济周期而波动较大的公司或者盈利与现金流量很不稳定时，低正常股利加额外股利政策也许是一种不错的选择

【要点22】利润分配的制约因素（熟悉）

1. **法律因素**

限制因素	说明
资本保全约束	不能用资本（包括实收资本或股本和资本公积）发放股利
资本积累约束	规定公司必须按照一定的比例和基数提取各种公积金，股利只能从企业可供股东分配的利润中支付
超额累积利润约束	如果公司为了股东避税而使得盈余的保留大大超过了公司目前及未来的投资需要时，被加征额外的税款
偿债能力约束	要求公司考虑现金股利分配对偿债能力的影响，确定在分配后仍能保持较强的偿债能力，以维持公司的信誉和借贷能力，从而保证公司的正常资金周转

2. 公司因素

限制因素	说明
现金流量	公司在进行利润分配时，要保证正常的经营活动对现金的需求，以维持资金的正常周转，使生产经营得以有序进行
资产的流动性	企业现金股利的支付会减少其现金持有量，降低资产的流动性，而保持一定的资产流动性是企业正常运转的必备条件
盈余的稳定性	一般来讲，公司的盈余越稳定，其股利支付水平就越高
投资机会	有良好投资机会的公司往往少发股利；缺乏良好投资机会的公司，倾向于支付较高的股利。此外，如果公司将留存收益用于再投资所得报酬低于股东个人单独将股利收入投资于其他投资机会所得的报酬时，公司就不应多留存收益，而应多发股利
筹资因素	如果公司具有较强的筹资能力，随时能筹集到所需资金，那么它就会具有较强的股利支付能力
其他因素	不同发展阶段、不同行业的公司股利支付比例会有差异

3. 股东因素

限制因素	说明
控制权	为防止控制权的稀释，持有控股权的股东希望少募集权益资金，少分股利
稳定的收入	依赖股利维持生活的股东要求支付稳定的股利
避税	高股利收入的股东出于避税考虑，往往倾向于较低的股利支付水平

4. 其他因素

限制因素	说明
债务契约	如果债务合同限制股利支付，公司只能采取低股利政策
通货膨胀	在通货膨胀时期，企业一般会采取偏紧的利润分配政策

【要点 23】股利支付形式（了解）

1. 股利支付形式

形式	说明
现金股利	现金股利是以现金支付的股利，它是股利支付最常见的方式
财产股利	财产股利是以现金以外的其他资产支付的股利，主要是以公司所拥有的其他公司的有价证券，如债券、股票等，作为股利支付给股东
负债股利	负债股利是以负债方式支付的股利，通常以公司的应付票据支付给股东，有时也以发放公司债券的方式支付股利
股票股利	股票股利是公司以增发股票的方式所支付的股利，我国实务中通常也称其为"红股"。发放股票股利对公司来说，并没有现金流出企业，也不会导致公司的财产减少，而只是将公司的未分配利润转化为股本和资本公积。但股票股利会增加流通在外的股票数量，同时降低股票的每股价值。它不会改变公司股东权益总额，但会改变股东权益的构成

2. 发放股票股利的优点

对象	优点
对股东	（1）股东可以获得股票价值相对上升的好处； （2）还会带来资本利得纳税上的好处
对公司	（1）可以为再投资提供成本较低的资金，从而有利于公司的发展； （2）可以降低公司股票的市场价格，既有利于促进股票的交易和流通，又有利于吸引更多的投资者成为公司股东，进而使股权更为分散，有效地防止公司被恶意控制； （3）可以传递公司未来发展前景良好的信息，从而增强投资者的信心，在一定程度上稳定股票价格

第十章　财务分析与评价

- ☞ 掌握财务分析的方法
- ☞ 掌握基本的财务报表分析
- ☞ 掌握上市公司特殊财务分析指标
- ☞ 掌握企业综合绩效分析的方法
- ☞ 熟悉管理层讨论与分析
- ☞ 熟悉综合绩效评价

【要点1】财务分析的方法（掌握）

1. 财务分析方法的种类

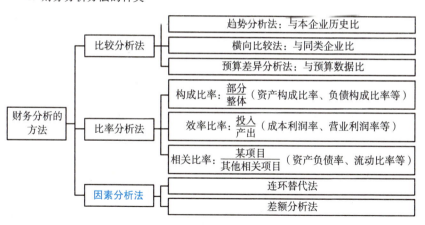

提示

因素分析法：

（1）**连环替代法的步骤。**

①确定对比的基数：$F_0 = a_0 \times b_0 \times c_0$

②替代 a 因素：$a_1 \times b_0 \times c_0$

③替代 b 因素：$a_1 \times b_1 \times c_0$

④替代 c 因素：$F_1 = a_1 \times b_1 \times c_1$

②－①：a 因素对 F 的影响

③－②：b 因素对 F 的影响

④－③：c 因素对 F 的影响

④－①：三因素共同对 F 的影响

各因素变动的影响数，会因替代顺序不同而有差别，因而计算结果不免带有假设性。

（2）**差额分析法的步骤。**

①确定对比的基数：$F_0 = a_0 \times b_0 \times c_0$

②确定实际数：$F_1 = a_1 \times b_1 \times c_1$

③a 因素对 F 的影响：$(a_1 - a_0) \times b_0 \times c_0$

④b 因素对 F 的影响：$a_1 \times (b_1 - b_0) \times c_0$

⑤c 因素对 F 的影响：$a_1 \times b_1 \times (c_1 - c_0)$

2. 各种分析方法需要注意的问题

财务分析方法	应当注意的问题
比较分析法	（1）用于对比的各个时期的指标，其计算口径必须保持一致（对比口径的一致性）；（2）应剔除偶发性项目的影响，使分析所利用的数据能反映正常的生产经营状况（对比项目的相关性）；（3）应运用例外原则对某项有显著变动的指标作重点分析，研究其产生的原因，以便采取对策，趋利避害
比率分析法	（1）对比项目的相关性；（2）对比口径的一致性；（3）衡量标准的科学性
因素分析法	（1）因素分解的关联性；（2）因素替代的顺序性；（3）顺序替代的连环性；（4）计算结果的假定性

3. 比较分析法的具体运用

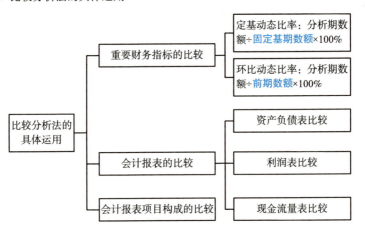

【要点2】基本的财务报表分析——偿债能力分析（掌握）

1. 短期偿债能力分析

指标	计算公式	说明
营运资金	营运资金 = 流动资产 − 流动负债	营运资金为正，说明企业财务状况稳定，不能偿债的风险较小
流动比率	流动比率 = 流动资产 ÷ 流动负债	（1）流动比率高不意味着短期偿债能力一定强，因为流动资产的变现能力可能与账面金额存在较大差异。（2）计算出来的流动比率，只有和同行业平均流动比率、本企业历史流动比率比较才能知道是高还是低。（3）该比率的缺点是比较容易人为操纵，没有揭示流动资产的构成内容
速动比率	速动比率 = 速动资产 ÷ 流动负债	剔除了存货对偿债能力的影响。速动比率过低，企业面临偿债风险；但速动比率过高，会因占用现金及应收账款过多而增加企业的机会成本

续表

指标	计算公式	说明
现金比率	现金比率=(货币资金+交易性金融资产)÷流动负债	现金比率剔除了应收账款对偿债能力的影响,最能反映企业直接偿付流动负债的能力

　　短期偿债能力比率也称为变现能力比率或流动性比率,主要考查的是流动资产对流动负债的清偿能力。企业短期偿债能力的衡量指标主要有营运资金、流动比率、速动比率和现金比率,其中营运资金从绝对值的角度、后三者从相对值的角度分析短期偿债能力,而后三者又因流动性强度作了进一步分析。速动比率比流动比率能更准确、可靠地评价企业资产的流动性及偿还短期债务的能力,而现金比率剔除了应收账款对偿债能力的影响,最能反映企业直接偿付流动负债的能力。

提示

流动资产
- 速动资产
  - 货币资金
  - 交易性金融资产
  - 衍生金融资产
  - 应收款项
- 非速动资产
  - 存货
  - 预付账款
  - 一年内到期的非流动资产
  - 其他流动资产

影响流动比率
可信性因素

营业周期 → 存货周转率 → 应收账款周转率

影响速动比率
可信性因素

应收账款的变现能力

2. 长期偿债能力分析

指标	计算公式
资产负债率	资产负债率 = 负债总额 ÷ 资产总额 × 100%
	反映总资产中有多大比例是通过负债取得的，可以衡量企业清算时资产对债权人权益的保障程度，侧重于分析债务偿付安全性的物质保障程度
产权比率	产权比率 = 负债总额 ÷ 所有者权益
	又称资本负债率，是负债总额与所有者权益之比，它是企业财务结构稳健与否的重要标志，侧重于揭示财务结构的稳健程度以及自有资金对偿债风险的承受能力
权益乘数	权益乘数 = 总资产 ÷ 股东权益
	产权比率和权益乘数是资产负债率的另外两种表现形式，是常用的反映财务杠杆水平的指标
利息保障倍数	利息保障倍数 = 息税前利润 ÷ 应付利息 = （净利润 + 利润表中的利息费用 + 所得税）÷ 应付利息 其中，"应付利息"不仅包括财务费用中的利息费用，还应包括计入固定资产成本的资本化利息
	又称已获利息倍数，用于衡量偿付借款利息的能力

提示

$$权益乘数 = \frac{总资产}{股东权益} = \frac{资产}{资产 - 负债} = \frac{1}{1 - 资产负债率} = \frac{股东权益 + 负债}{股东权益}$$

$$= 1 + 产权比率$$

【总结】影响偿债能力的其他因素。

因素	影响
可动用的银行贷款指标或授信额度	可以提高企业偿债能力
资产质量	如果企业存在很快变现的长期资产，会增加企业的短期偿债能力
或有事项和承诺事项	会增加企业的潜在偿债压力，降低偿债能力

【要点 3】基本的财务报表分析——营运能力分析（掌握）

指标		计算公式
流动资产营运能力分析	应收账款周转率	应收账款周转次数 = 营业收入 ÷ 应收账款平均余额
	存货周转率	存货周转次数 = 营业成本 ÷ 存货平均余额
	流动资产周转率	流动资产周转次数 = 营业收入 ÷ 流动资产平均余额
固定资产营运能力分析		固定资产周转次数 = 营业收入 ÷ 平均固定资产
总资产营运能力分析		总资产周转次数 = 营业收入 ÷ 平均资产总额

提示　营运能力主要是指资产运用、循环的效率高低。一般而言，资金周转速度越快，说明企业的资金管理水平越高，资金利用效率越高，企业可以以较少的投入获得较多的收益。因此，营运能力指标是通过投入与产出（主要指收入）之间的关系反映。各项资产的周转率指标用于衡量各项资产赚取收入的能力，经常和企业盈利能力的指标结合在一起，以全面评价企业的盈利能力。

指标计算和营运能力分析时应注意的问题：

（1）应收账款周转率。

计算时应注意的问题：

①营业收入数据使用利润表中的"营业收入"。

②应收账款包括会计报表中"应收票据"及"应收账款"等全部赊销账款在内。

③应收账款应为未扣除坏账准备的金额。

④应收账款期末余额的可靠性问题，最好使用多个时点的平均数，以减少这些因素的影响。

分析时应注意的问题：

在一定时期内应收账款周转次数多（周转天数少）表明：

①企业收账迅速，信用销售管理严格。

②应收账款流动性强，从而增强企业短期偿债能力。

③可以减少收账费用和坏账损失，相对增加企业流动资产的投资收益。

通过比较应收账款周转天数及企业信用期限，可评价客户的信用程度，调整企业信用政策。

（2）存货周转率。

①存货周转率的高低与企业的经营特点有密切联系，应注意行业的可比性。

②该比率反映的是存货整体的周转情况，不能说明企业经营各环节的存货周转情况和管理水平。

③应结合应收账款周转情况和信用政策进行分析。

学习心得 --

【要点4】基本的财务报表分析——盈利能力分析（掌握）

指标	计算公式
营业毛利率	营业毛利率 =（营业收入 – 营业成本）÷营业收入×100% =营业毛利÷营业收入×100%
营业净利率	营业净利率 =（净利润÷营业收入）×100%
总资产净利率	总资产净利率 =（净利润÷平均总资产）×100%
净资产收益率	净资产收益率 =净利润÷平均所有者权益×100% =总资产净利率×权益乘数 =营业净利率×总资产周转率 ×权益乘数

提示 盈利能力是企业获取利润、实现资金增值的能力。因此，盈利能力指标主要通过收入与利润之间的关系、资产与利润之间的关系反映。净资产收益率是企业盈利能力指标的核心，也是杜邦财务指标体系的核心，更是投资者关注的

重点。一般来说，净资产收益率越高，所有者和债权人的利益保障程度越高。如果企业的净资产收益率在一段时期内持续增长，说明权益资本盈利能力稳定上升，但净资产收益率不是一个越高越好的概念，分析时要注意企业的财务风险。

学习心得

【要点5】基本的财务报表分析——发展能力分析（掌握）

指标	计算公式
营业收入增长率	营业收入增长率＝本年营业收入增长额÷上年营业收入×100%
总资产增长率	总资产增长率＝本年资产增长额÷年初资产总额×100%
营业利润增长率	营业利润增长率＝本年营业利润增长额÷上年营业利润总额×100%
资本保值增值率	资本保值增值率＝扣除客观增减因素后所有者权益的期末总额÷所有者权益的期初总额×100%
所有者权益增长率	所有者权益增长率＝本年所有者权益增长额÷年初所有者权益×100%

提示　　（1）五个衡量企业发展能力的指标中，只有资本保值增值率的分子是相对程度上的总额，其余公式反映的均为前后两期差额基于上期的变化程度。

（2）资本保值增值率中，客观因素对所有者权益的影响包括但不限于：

①本期投资者追加投资，使企业的实收资本增加，以及因资本溢价、资本折算差额引起的资本公积变动。

②本期接受外来捐赠、资产评估增值导致资本公积增加。

学习心得

【要点6】基本的财务报表分析——现金流量分析（掌握）

	指标	计算公式
获取现金能力的分析	营业现金比率	营业现金比率＝经营活动现金流量净额÷营业收入
	每股营业现金净流量	每股营业现金净流量＝经营活动现金流量净额÷普通股股数
	全部资产现金回收率	全部资产现金回收率＝经营活动现金流量净额÷平均总资产×100%
收益质量分析	净收益营运指数	净收益营运指数＝经营净收益÷净利润
	现金营运指数	现金营运指数＝经营活动现金流量净额÷经营所得现金

【要点7】上市公司特殊财务分析指标——每股收益（掌握）

1. 基本每股收益

计算公式	说明
基本每股收益 = $\dfrac{\text{归属于公司普通股股东的净利润}}{\text{发行在外的普通股加权平均数}}$ 其中，归属于普通股股东的净利润 = 净利润 – 优先股股息。 发行在外的普通股加权平均数 = 期初发行在外普通股股数 + 当期新发普通股股数×已发行时间÷报告期时间 – 当期回购普通股股数×已回购时间÷报告期时间	（1）每股收益是一个综合性的盈利概念。理论上，每股收益反映了投资者可望获得的最高股利收益，因而是衡量股票投资价值的重要指标。 （2）每股收益越高，表明投资价值越大；否则反之。 （3）每股收益多并不意味着每股股利多，此外每股收益不能反映股票的风险水平

2. 稀释每股收益

项目	调整内容	
潜在普通股	分子调整项目	分母调整项目
可转换公司债券	当期已确认为费用的利息等的税后影响额	假定可转换公司债券当期期初或发行日转换为普通股股数的加权平均数
认股权证和股份期权	不变	增加的普通股股数，同时还应考虑时间权数

提示 在分析每股收益指标时，应注意企业利用回购的方式减少发行在外的普通股股数，使每股收益简单增加。如果企业将盈利用于派发股票股利或配售股票，就会使企业流通在外的股票数量增加，这样将会大量稀释每股收益。在分析上市公司公布的信息时，投资者应注意区分公布的每股收益是按原始股股数还是按完全稀释后的股份计算。

【要点8】上市公司特殊财务分析指标——其他财务分析指标（掌握）

1. 每股股利

项目	内容
公式	每股股利 = 普通股股利总额 ÷ 期末发行在外的普通股股数
影响因素	受每股收益、股利政策和投资机会的影响
说明	反映每股股利和每股收益之间关系的一个指标是股利发放率，借助该指标，投资者可以了解一家上市公司的股利发放政策。 公式：股利发放率 = 每股股利 ÷ 每股收益

2. 市盈率

项目	内容
公式	市盈率 = 每股市价 ÷ 每股收益
说明	该指标反映普通股股东为获取 1 元净利润所愿意支付的股票价格，是股票市场上反映股票投资价值的重要指标，其高低反映了市场上投资者对股票投资收益和投资风险的预期
评价标准	（1）市盈率越高，意味着投资者对股票的收益预期越看好，投资价值就越大。 （2）市盈率越高风险越大，市盈率越低风险越小

3. 每股净资产

项目	内容
公式	每股净资产 = 期末普通股净资产 ÷ 期末发行在外的普通股股数
说明	该指标反映了在会计期末每一股在账面上到底值多少钱，是理论上股票的最低价值。它与股票面值、发行价值、市场价值乃至每股清算价值等往往有较大差距

4. 市净率

项目	内容
公式	市净率＝每股市价÷每股净资产
说明	一般而言，市净率较低的股票投资价值较高，反之则相反。但有时较低的市净率反映投资者对公司未来的不良预期，而较高的市净率则相反

🕐 学习心得 ---

【要点9】企业综合绩效分析的方法——杜邦分析法（掌握）

项目	内容
相关公式	净资产收益率＝总资产净利率×权益乘数 总资产净利率＝营业净利率×总资产周转率 权益乘数＝资产总额÷股东权益总额＝1＋产权比率＝1÷（1－资产负债率）
作用	主要用来分析净资产收益率高低变化的原因

学习心得

【要点 10】企业综合绩效分析的方法——沃尔评分法（掌握）

项目	内容
概念	亚历山大·沃尔将若干个财务比率用线性关系结合起来，以此来评价企业的信用水平，被称为沃尔评分法。他选择了七种财务比率，分别给定了其在总评价中所占的比重，总和为 100 分；然后，确定标准比率，并与实际比率相比较，评出每项指标的得分，求出总评分
构成	盈利能力 { 总资产收益率 / 营业净利率 / 净资产收益率 } 按 2:2:1 比重分配 偿债能力：自有资本比率、流动比率、应收账款周转率、存货周转率 } 按 5:3:2 比重分配 成长能力：销售增长率、净利增长率、总资产增长率
缺点	(1) 未能证明为什么要选择这七个指标。 (2) 未能证明每个指标所占比重的合理性。 (3) 当某一个指标严重异常时，会对综合指数产生不合逻辑的重大影响

【要点11】企业综合绩效分析的方法——经济增加值法（掌握）

项目	内容
含义	是指税后净营业利润扣除全部投入资本成本后的剩余收益
公式	经济增加值＝税后净营业利润－平均资本占用×加权平均资本成本
优点	经济增加值是从股东角度去评价企业经营者有效使用资本和为企业创造价值的业绩评价指标。因此，它克服了传统绩效评价指标的缺陷，能够真实地反映公司的经营业绩，是体现企业最终经营目标的绩效评价办法
缺点	（1）经济增加值仅能衡量企业当期或预判未来 1~3 年的价值创造情况，无法衡量企业长远发展战略的价值创造。（2）该指标的计算主要基于财务指标，无法对企业进行综合评价。（3）由于不同行业、不同规模、不同成长阶段等的公司，其会计调整项和加权平均资本成本各不相同，故该指标的可比性较差。（4）如何计算经济增加值尚存许多争议，这些争议不利于建立一个统一的规范，使得该指标往往主要用于一个公司的历史分析以及内部评价

提示　　在计算经济增加值时，需进行相应的会计科目调整，如营业外收支、递延税金等都要从税后净营业利润中扣除，以消除财务报表中不能准确反映企业价值创造的部分。经济增加值为正，表明经营者在为企业创造价值；经济增加值为负，表明经营者在损毁企业价值。

学习心得

【要点12】管理层讨论与分析（熟悉）

概念	内容
管理层讨论与分析是上市公司定期报告中管理层对于本企业过去经营状况的评价分析以及对企业未来发展趋势的前瞻性判断，是对企业财务报表中所描述的财务状况和经营成果的解释，是对经营中固有风险和不确定性的揭示，同时也是对企业未来发展前景的预期	（1）报告期间经营业绩变动的解释； （2）企业未来发展的前瞻性信息。 **【注意】** ①披露原则：强制与自愿相结合； ②管理层讨论与分析是上市公司定期报告的重要组成部分。其信息披露在上市公司中期报告"管理层讨论与分析"部分中以及年度报告中的"董事会报告"部分中出现

【要点 13】综合绩效评价（熟悉）

项目	内容
财务绩效 定量评价	盈利能力、资产质量、债务风险、经营增长
财务绩效 定性评价	包括企业发展战略的确立与执行、经营决策、发展创新、风险控制、基础管理、人力资源、行业影响、社会贡献等方面